노무현 바로 알기
– 노무현의 감추어진 삶

저자 이윤섭

혜민
도서출판
기획

머리말

 트로이의 목마 윤석열은 늘 "노무현을 본받자", "노무현 정신을 따르자"고 말한다. 그리고 노사모 등 광신도는 노무현을 성인으로 만들기 바쁘다. 그러나 한국인들은 노무현에 대해 아는 것이 거의 없다. 그저 단편적이고 편파적인 언론 보도 등으로 생긴 막연한 이미지 정도만 갖고 있다.
 이러니 노무현 정신의 실체가 무엇인지 알 수 없다. 노무현 정신을 알려면 그 삶을 정확히 알아야 한다. 노무현은 자기선전에 능하지만 감추는 것이 많았다. 그래도 노무현 재단이 발행한 노무현 전집이나 각종 찬양물을 살펴보면 숨긴 진실을 알 수 있다.
 노무현은 집권 시기 김대중 보다 더한 안보 위기를 불러왔다.
 건국 이후 대한민국은 한시도 멈추지 않고 안보 위기를 맞아왔다. 갖은 고난 끝에 세계 수준의 국방력을 보유하게 되어 외침(外侵)으로 인한 안보 위기에는 자신을 가지게 되었으나 내침(來侵)으로 인한 안보 위기는 가중되고 있다. 이 내침으로 인한 안보 위기와 각종 고등고시, 특히 사법시험이 밀접한 관계가 있다.

● 머리말

사법시험 합격으로 얻은 변호사 자격증으로 노무현은 한국 정계에 진출할 수 있었다.

대한민국에서 계층 상승의 지름길로 여겨지는 행정고시, 외무고시, 사법시험, 공인 회계사 등을 흔히 고등고시라고 한다. 이 가운데 합격하느라 수험생이 가장 고생하는 것이 사법시험이다.

청춘을 바쳐 희생하여 합격하면 다행이지만, 실패하여 다른 길을 찾기에는 나이가 들어 이른바 '고시 낭인'이 되는 개인적 사회적 손실도 큰 시험이다. 그런데 이른바 '민주화운동', '학생 운동', '노동 운동', '통일 운동' 등으로 세월을 보낸 이들이 너무도 단기간에 합격하여 정계에 뛰어든 자들도 많아 고개를 갸우뚱하게 만들기도 한다.

수재 소리를 듣는 이 가운데 청춘을 희생하며 오랜 세월 죽어라 공부했는데도 합격하지 못하는 경우가 대부분인데, 대학 수업도 듣지 않고 그저 데모만 하던, 공부하고 담을 쌓은 삶을 살던 사람들이 단기간에 합격하니, 놀라지 않을 수가 없다. 일부 사람들은 다른 방법으로 합격한 것이 아닌가 하는 의심마저 한다.

사법시험 합격에 대한 노무현의 글을 자세히 읽어보면 '초능력자'임을 알 수 있다. 이 나라 사람들에게 이를 알리고 비판도 받아 보려는 생각으로 글을 쓰게 되었다.

우등생과 거리가 멀던 노무현이 군을 제대하고 갑자기 행정고시 사법시험에 응시 1차 시험을 너무도 가볍게 합격한 것을 분석해 보았다.

Contents

머리글   3

첫번째 이야기   감추어진 노무현의 삶   7

두번째 이야기   노영현의 일생   19

세번째 이야기   창원군 진전면 학살 사건   43

네번째 이야기   노무현 합격 수기 분석   71

다섯번째 이야기   노건평의 삶   193

여섯번째 이야기   노건호(盧建昊)의 연세대 법학과 편입   211

일곱번째 이야기   민경찬은 노무현의 사돈인가, 처남인가   219

끝맺는 글   239

첫번째 이야기

감추어진 노무현의 삶

첫번째 이야기
감추어진 노무현의 삶

사법시험 개요

사법시험은 대한민국에서 법조인을 선발하기 위해 1963년부터 2017년까지 실시했던 국가시험이다. 1963년 16회 시험을 끝으로 폐지된 고등고시 사법과의 후신이다. 1947년부터 1949년까지는 "조선변호사시험", 1950년부터 1963년까지는 고등고시 사법과가 실시되었다.

2001년에 사법시험법이 제정되기 전까지는 대통령령인 사법시험령에 근거하여 실시됐다.

1969년까지는 절대평가제였으나, 1970년부터 정원제로 바뀌었다.

처음 사법시험 합격자는 서울대 사법대학원에서 연수를 받았으나, 1971년 사법연수원이 생겨서 이후 이곳에서 2년간 연수를 받았다. 1980년까지는 최종 합격자 발표가 전반기였으므로 사법연수원은 여름에 들어갔다.

　1963년부터 사법시험과 행정고시를 대졸자만 응시할 수 있게 했고, 고졸 이하의 사람은 사법 및 행정요원 예비시험을 쳐서 합격자만 응시할 수 있었다. 예비시험은 법률 지식을 묻는 것이 아니라 대졸과 비슷한 학식이 있는지 평가하는 시험이었다. 이 시험은 수준 이하의 응시생들을 거르는 목적이었다. 1971년부터는 대학 재학 3학년 이상이면 사법시험과 행정고시에 응시할 수 있도록 했다.

　1973년부터 자격 제한이 철폐되어 대학 재학생이나 대졸 아닌 이도 응시할 수 있게 되었다.

　예비시험이 폐지되자 이화여대 법대 최병욱(崔柄煜) 교수는 〈公務員 任用試驗과 學歷〉이란 제목의 글을 써서 이에 반대하는 입장을 밝혔다.

　　總務處長官이 지난 (1972년 5월) 31일 밝힌 바에 의하면, 政府는 73년도부터 司法試驗을 비롯한 모든 公務員任用試驗에 있어서 學歷에 의한 應試資格制限을 철폐하고, 따라서 司法 및 三級시험을 위한 豫備試驗制度도 廢止할 것이라고 한다.
　　또 公務員의 昇進에 있어서도 學歷은 아주 考慮하지 않기로 方針을 세웠다고 한다.
　　이러한 方向轉換은 學歷本位가 아니라 能力이나 實力本位로 사람을 評價하는 氣風을 키움으로써 大學進學熱을 내리기 위한 것이라고 한다. 사실 우리나라에서는 學問을 할 資質이나 그것을 뒷받침 할만한 家庭形便같은 것은 거의 생각지도 않고 어떻든 大學에는 가야 한다는 생각이 크게 支配하고 있다. 대학을 나와야 취직이라도 할 수 있기 때문이다. 그러므로 이러한 폐단을 고치기 위해서는 웬만한 就職

試驗에서는 學歷의 制限, 특히 대학졸업이라는 학력제한을 緩和 내지 撤廢하게 할 필요가 있다.
그러나 司法試驗·三級試驗에서까지 學歷制限을 철폐한다는 것은 얼른 찬성하기 어렵다. 앞으로 司法官이나 高級公務員이 될 사람들이란 단순한 「知識」만 가지고는 그 業務를 遂行해 낼 수가 없는 것이다. 적어도 大學科程에서 學問에 接할 수 있는 기회를 長期間 가져보고 敎授와 同僚學生 그리고 傳統을 지닌 大學의 雰圍氣 속에서 人格을 陶冶하며, 바른 人生觀 바른 社會觀 바른 國家觀을 確立하는 科程이 필요하다.
英國·佛蘭西·西獨 등에서 大學卒業을 應試要件으로 하고 있다는 것은 크게 考慮할만하다.
혹 現在의 大學이 이와 같은 莫重한 所任을 다하지 못하는 경우가 있다고 한다면 그것은 大學을 育成發展시켜서 해결할 것이지 그런 大學은 나오나 마나라고 하는 식으로 생각한다는 것은 적어도 大學의 감독 육성의 책임까지 가지고 있는 정부의 立場에서는 취할 바 태도가 못된다.
여기서 1963년, 司法 및 三級시험의 응시 자격을 大學卒業 이상으로 끌어올렸던 일을 想起할 필요가 있다. 이것은 물론 1971년부터 大學 三學年 在學 이상으로 다시 내려오기는 했지만 결과적으로는 그들이 대부분 다 大學을 졸업하게 되므로 큰 차이가 없게 되는데, 63년에 이처럼 응시자격을 올린 것은 간단히 생각해서 올렸던 것이 아니다. 이것을 올려놓은 後, 大學敎育의 定常化에 크게 도움을 주었던 것도 輕視해서는 안된다.
要컨대 各種試驗에서 무조건 높은 學歷을 形式的으로 要求하는 것은 是正되어야 한다. 그러나 모든 시험을 一律的으로 다루어서는 안된다. 그가 맡을 職務에 따라 一定한 學歷이 필요하다고 생각될 때에는 오히려 學歷制限을 하는 것이 妥當하다.

사법시험은 제1차(객관식), 제2차(서술형 주관식), 제3차(면접) 등 세 번에 걸쳐 치러진다.

합격 후 반드시 사법연수원을 수료하여야 판사, 검사, 변호사의 자격이 주어지므로, 엄밀히 말하자면 사법연수원에 입소할 자격을 얻기 위한 시험으로 볼 수 있다.

처음에는 3차 시험(면접)이 없었으나, 1972년부터 3차 시험이 시행되었다. 3차 시험은 대체로 형식적이었지만 극소수 탈락자도 있었다. 1980년 22회 사법시험 때까지는 합격자 전원이 판사, 검사로 임용될 수 있었다.

시험 횟수도 처음에는 연 2회 시행도 했었다. 1963, 1964, 1967, 1970년에는 연 2회 사법시험이 있었다. 1971년 13회 사법시험부터 연 1회로 고정되었다.

합격 인원이 너무 적어서 많은 국민이 민형사 사건에서 변호사의 도움을 받기 너무 어려웠고 그 비용도 감당할 수 없었다.

1970년 12회 사법시험까지는 고정된 합격자 수를 보장하지 않고 2차 시험에서 평균 60점 이상을 획득해야 합격할 수 있어 1963~1970년 사이 최종 합격자는 5~83명이었다(7회 사법시험 합격자가 5명, 8회 합격자가 83명. 대체로 3, 40명대의 인원이 합격). 1971년 13회 사법시험부터 등수로 일정한 수의 합격자를 뽑았다.

1971년 시행된 13회에서 1977년 시행된 19회 사법시험까지 합격자 수는 60~81명이었다. 1972년의 14회 사법시험은 합격자가 80명, 1975년의 17회 사법시험은 60명이었다. 이후 조금씩 늘려 1978년 20회 사법시험은 100명, 1979년 21회 사법시험은 120명, 1980년 22회 시험에서는 141명을 선발했다. 이때까지는 거의 100% 판사, 검사로 임명되었다.

  1980년 가을 전두환 대통령이 정원을 대폭 늘리도록 하여 1981년 23회 사법시험부터 300명수준으로 합격 정원을 늘렸는데, 변호사 인원이 너무나 적었기 때문에 일반 서민들이 변호사들을 선임한다는 것은 불가능에 가까운 현실을 잘 알았기 때문이었다. 가을에 최종 합격이 발표되었고 이듬해 3월에 사법연수원에 들어갔다. 1995년 37회 사법시험까지 300명 수준 정원이 지켜졌다. 이 기간 동안에는 합격자의 절반 수준인 150명 정도가 판사 검사로 임용되었다.

  김영삼 정부에서 로스쿨 도입 이야기가 처음 나왔으나 사법시험 선발 인원을 300명에서 1,000명으로 단계적으로 늘리기로 결정했다. 1995년까지 300명을 선발했고 1996년 38회 사법시험에서 500명을 선발한 이후 매년 100명씩 증원되어, 2001년 43회 사법시험 이후 1천 명씩 선발했다. 그러다 2007년 국회에서 법학전문대학원 도입이 확정돼 사법시험은 폐지 수순을 밟게 되었다.

  기존 수험생들에 대한 신뢰 보호 차원에서 사법시험을 당장 없애지 않고, 선발 인원을 단계적으로 감축했다. 이에 따라 2009년까지만 1,000명 정원을 유지하고 2010년 800명, 2011년 700명, 2012년 500명, 2013년 300명, 2014년 200명, 2015년 150명, 2016년 100명, 2017년 50명으로 단계적으로 축소됐다.

2012년 5월 10일, 법학전문대학원(로스쿨) 설치 인가를 받은 대학의 종래 학부 법과대학의 폐지 시한은 2017년으로 정하여, 그전까지는 명칭과 조직, 수업 과정이 존치되었다. 교과부는 2008년 로스쿨을 인가하면서 2008학년도까지만 법대 신입생을 받도록 하였다.

　　1977년까지 사법시험 응시자 수가 5천을 넘지 않았는데, 이는 대학생 수가 절대적으로 적어서였다. 법대 학생 수도 1980년대에 비해 절반 수준이었다. 1970년대 후반이 되어서야 4년제 대학 정원이 5만 명을 넘어섰다.

회차 (년도)	출원자 수	1차 합격자 수 (합격선)	2차 응시자 수	2차 합격자 수 (합격선)
1회 (1963)	1476	1471 (60)	2115	41 (60.00)
2회 (1963)	3732	1205 (60)	2530	45 (60.04)
3회 (1964)	4969	781 (80)	848	10 (60.25)
4회 (1964)	4214	461 (80)	1186	22 (60.07)
5회 (1965)	2141	475 (75)	408	16 (60.07)
6회 (1966)	2370	470 (70)	756	19 (60.03)
7회 (1967)	2820	496 (77)	835	5 (60.57)
8회 (1967)	2466	473 (74)	779	83 (60.00)
9회 (1968)	2599	447 (76)	736	37 (60.02)
10회 (1969)	2873	629 (76)	750	34 (60.04)
11회 (1970)	2561	520 (77)	930	33 (60.02)
12회 (1970)	2786	762 (72)	944	49 (60.76)

회차 (년도)	출원자 수	1차 합격자 수 (합격선)	2차 응시자 수	2차 합격자 수 (합격선)
13회 (1971)	2776	420 (80)	967	81 (56.83)
14회 (1972)	3514	577 (80)	829	80 (56.19)
15회 (1973)	4072	430 (75)	787	60 (59.04)
16회 (1974)	4010	498 (79)	705	60 (57.20)
17회 (1975)	4119	424 (77)	747	60 (55.33)
18회 (1976)	4498	405 (77)	653	60 (54.95)
19회 (1977)	4767	541 (79)	801	80 (54.50)
20회 (1978)	5387	522 (80)	912	100 (60.20)
21회 (1979)	5788	564 (74.06)	929	120 (56.58)
22회 (1980)	6658	575 (73.43)	986	141 (53.54)
23회 (1981)	7983	785	1227	316 (53.16)
24회 (1982)	9272	830	1350	307 (49.00)
25회 (1983)	9785	722	1353	306 (53.75)
26회 (1984)	11600	816	1365	353 (49.08)
27회 (1985)	11743	755	1401	312 (49.08)
28회 (1986)	13635	791	1373	309 (50.45)
29회 (1987)	14252	732	1381	311 (49.20)
30회 (1988)	13568	818	1419	310 (52.33)
31회 (1989)	13429	714	1417	311 (55.25)
32회 (1990)	14365	830	1425	298 (52.83)
33회 (1991)	15540	741	1468	287 (56.29)
34회 (1992)	16424	821	1488	288 (52.04)
35회 (1993)	18232	777	1492	288 (51.75)
36회 (1994)	19006	850	1530	290 (53.79)
37회 (1995)	19934	1053	1807	308 (54.20)

※ 출원자수와 응시자 수는 다르다. 1차 합격자는 당 회차 2차 시험과 다음 회차 2차 시험을 칠 수 있어 다음 회차 사법시험에 응시해도 1차 시험은 치지 않는다.

공부해야 하는 분량이 압도적으로 많아서(행정고시의 3배 정도) 대한민국에서 존재했던 모든 시험 중 가장 힘들게, 그리고 오래 공부해야 하는 시험이었다.

운이 좋았음을 부인할 수 없다. 사법시험 합격자 수가 우리 때의 10배로 늘어난 지금도, 운이 작용한다고 하는 것이 옳을 성싶다. 왜냐하면 공부 분량이 엄청나기 때문이다. 제대로 공부하려면 10년의 세월도 부족하다. 불완전한 공부로 짧은 시간에 고시 합격하는 것은, 자기가 잘난 탓이 아니라 운이다.

- 고승덕 (제20회 사법시험 합격 / 정치인).
저서 《포기하지 않으면 불가능은 없다》

1차에서 보는 민법은 널리 보는 민법강의 책 기준으로 2,000페이지 이상, 형법과 헌법은 1,500페이지 이상이었으며, 선택과목은 500~600페이지 정도의 분량이었다.

1, 2차를 모두 합쳐서 총 7,500~10,000페이지의 분량에 육박한다. 이는 기본서에 한해서 그렇다. 문제집, 판례집 등을 더하면 공부해야 할 양은 훨씬 더 늘어난다. 대개 600페이지가 넘는 두꺼운 단행본 책 60권을 3회 이상 읽어야 하는데 처음 읽을 때는 1년이란 시간이 모자란다.

그러므로 체력이 딸리는 사람은 공부 분량이 적은 행정고시나 외무고시로 바꿔 합격하기도 했다.

이 방대한 분량을 모두 이해하고 기억하는 것은 사람의 기억 용량을 초과하는 것이다. 논리적 흐름에 따라 자연스럽게 연결되는 것들을 깨닫고, 조문 등을 참조하면서 굳이 외우지 않아도 될 내용들은 넘기고 핵심 내용들만 추려가며 효율적으로 공부해야 합격에 유리하다.

  법학은 각 과목마다 거의 모든 개념들이 유기적으로 연계되어 있기 때문에 압축된 필기 노트만 가지고는 법리를 이해할 수 없다. 그래서 수험생들이 그 두꺼운 책들을 짧게는 2~3년에서 길게는 수십 년 동안 공부해야 했다.

◆ 두번째 이야기

노영현의 일생

두번째 이야기
노영현의 일생

노무현을 이해하기 위해 알아야 할 인물과 집안 사정이 있다. 노무현이 쓴 글이나 인터뷰 내용을 보면 감추는 것이 많다. 그래도 어느 정도 추리할 만한 건덕지는(중요한 부분은) 있다. 우선 노무현에게 큰 영향을 준 큰형 노영현의 삶을 살펴야 한다.

노무현이 쓴 각종 글에서 노영현에 관한 부분을 살펴본다. 먼저 미완의 노무현 자서전이라는 『성공과 좌절』에서 뽑은 부분이다.

누구나 자라면서 마음의 본보기라든지 표상이 되는 사람들을 간직하고 삽니다. 돌아가신 우리 부모님들은 아주 평범하신 분들이셨지만, 큰형님은 당시만 해도 시골에서 남다르게 보이는 그런 사람이었습니다. **대학교도 가고 학교에서 교편도 잠시 잡았으니** 우리 시골에서는 보기 어려운 인텔리라고 할 수 있었습니다. 그러니까 저로선 자랑스러웠겠지요? 그래서 큰형님을 항상 마음 속에 담아 두었습니다.

형님하고 대화를 하면서 많은 자극을 받았습니다. 형님과 친구들 간의 대화를 엿듣기도 하면서 자극을 받아 시골 아이치고는 다른 아이들에 비해 그런 학구적인 환경을 조금 일찍 접하게 된 편이지요. 오랫동안 형님의 영향을 많이 받았어요. 그래서 형님 이야기를 많이 했던 것이 아닌가 싶습니다.
당시 형님 또래들 가운데 대학생은, 우리 마을뿐 아니라 인근 여러 마을을 통틀어 형님 혼자뿐이었습니다. 어머니는 늘 그것을 자랑스러워하셨습니다. "어느 어느 마을에서 대학생은 하나뿐인데 그게 내 아들이다"라는 식으로 이야기를 많이 하셨지요. 그런 모습이 저에게 깊이 각인되기도 했습니다. 그래서 큰형님이 마음속에 큰 자리를 차지하게 된 것입니다.
형님이 대학교에 입학할 때 그 등록금을 마련하기 위해 우리가 살던 집을 팔았습니다. 지금 우리 생가터에 있던 세 칸 집하고 대지 1,000평인데, 시골 땅이라 얼마 되지는 않았지만 그걸 팔았습니다. **그 일이 굉장히 강한 인상으로 남아있습니다.** 그랬지만 결국 집안 형편도 좋지 않고 형님 역시 끝까지 공부할 형편이 아니었는지 중도에서 그만두었습니다. 사정이 좀 있었을 것입니다. 당시는 대학을 나와도 쉽게 취직이 되지 않는, 아주 어려운 시절이었기 때문입니다. …… (P106~107)

그런데 형님이 고시 공부를 하고 있었으니 자연스럽게 판사라는 직업을 알게 되었습니다. 당시만 해도 모두 "빽"을 이야기하던 시절이어서, '빽' 없는 사람이 출세할 길이라고는 시험밖에 없었습니다. 그래서 공부 좀 한다는 사람들은 대부분 고시 공부를 한 번씩 해봤을 것입니다. (P119)

다음은 유시민이 정리한 노무현 자서전 『운명이다』의 구절들이다.

어머니는 총명하고도 기가 센 분이었다. 매사에 자기 주장이 뚜렷하셨다. 가난에 한이 맺혀 있었고 돈이 없어 수모를 당하는 것을 몹시 분하게 여기셨다. **아들들이 출세해서 집안을 일으켜 주기를 바랐다.**
(P44)

병약한 소년이었던 내게 두 형님은 언제든지 기댈 수 있는 든든한 언덕이었다. 특히 인근 마을에서 유일한 대학생이었던 큰형님 노영현은 나의 자랑이요 우상이었다. 큰형님은 나와 다르게 외모도 훌륭했고 성품도 온화했다. 노래도 일품이었다. 당시 유행했던 최희준의 노래 〈하숙생〉을 너무나 멋들어지게 불렀다. 큰형님이 부산대 법대를 다니던 시절 친구들이 집에 놀러 와서 시국 토론을 하곤 했다. 무슨 이야기인지 알아듣지는 못했다. 그러나 훌륭한 사람들은 사회와 나라에 대해 관심을 가지고 무엇인가 한다는 막연한 느낌을 받았다. **부산 범어사에서 고시 공부를 했던 큰형님이 혼인을 하고 나서 얼마 지나지 않아 고시 공부를 중단했다.** 한동안 방황하면서 술을 마셔 댔다. 여러 가지 개인적 가정적 어려움이 있었던 것으로 안다. 가족 모두가 큰 실망을 해서 온통 초상집 분위기였다. (P46)

진영중학교에 입학했는데 돈 때문에 애를 먹었다. 어머니가 학교에 찾아가 여름 복숭아 농사를 지어 입학금을 낼 테니 우선 입학시켜 달라고 애원했지만 거절당했다. 면담을 했던 교감 선생님은 농사나 배우라고 했다. **어머니를 향해 큰아들 대학 나와도 백수건달인데 뭐 하러 공부시키느냐는 말까지 했다.** 자존심이 상해서 원서를 찢어버리고 나왔다. 뒤에서 비수 같은 한마디가 날아왔다. "저런 놈 공부시켜 봐야 깡패 밖에 안 된다" 다음날 큰형님이 학교에 찾아가 비교육적 언사를 문제 삼겠다며 거세게 항의해서 겨우 입학 허가를 받았다.

(P46~47)

나의 예비시험 합격은 형님들에게도 큰 자극이 되어 큰형님은 1967년에, 작은 형님은 그 다음 해에 각각 5급 공무원 시험에 합격했다.

(P55)

【큰형 노영현은 1967년 5급을류 세무공무원 시험에 합격했다.】

1967년 1월 13일지 『서울신문』에 총무처 공고가 나왔다.

총무처 공고 제1호

제3회 4,5급 국가공무원 공개경쟁 채용시험 시행공고

  1967년 시행 제3회 4급을류 행정직과 5급을류 행정직(체신부 요원), 검찰사무직, 재정직(체신부 요원) 및 세무직 국가공무원 공개경쟁 채용시험을 다음과 같이 시행한다.

1. 응시원서 접수 기간
   1967년 1월 20일부터 1967년 1월 31일까지

2. 응시원서 접수처

　서울특별시, 부산시 인사과 및 각도 서무과, 다만, 경기도는 서울특별시에서, 경상남도는 부산시에서 각각 접수한다.

3. 응시 자격

　국가공무원법 제33조 각호의 1에 해당하지 않는 자로서 별표에 해당하여야 한다. 다만, 공무원 임용 시험령 제34조 및 사법시험령 제17조의 규정에 의하여 응시자격을 정지당한 자는 응시할 수 없다.

4. 시험 방법

　제1차와 제2차 시험을 병합하여 선택형 필기시험으로 하고 제3차 시험은 면접의 방법에 의한다.

5. 시험 시행 일시 및 장소

　가. 필기시험
　　(1) 일시 1967년 2월 12일(일요일) 10:00~12:00 (2시간)
　　(2) 장소 응시원서 접수처에서 시행하되 구체적인 장소는 응시원서 접수처에서 따로 공고한다.

　나. 면접시험
　　1967년 3월 21일 9시부터 시행하되 장소는 필기시험 합격자 발표시 총무처에서 따로 공고한다.

(하략)

이때 공고한 응시 자격, 선발인원 및 시험과목은 다음과 같다.

• 4급을류

- 行政職 : 16명
- 응시 자격 : 1967년 1월 13일 현재 연령 18세 이상 45세 이하 인 자로서 초급대학 이상을 졸업한 자 또는 4년제 대학 3학년 과정을 수료하거나 이와 동등 이상의 학력이 있다고 인정되는 자와 사법 및 행정요원 예비시험령에 의한 시험 합격자
- 시험과목 : 憲法, 經濟原論, 一般常識, 英語, 行政法, 行政學原論

• 5급을류

- 行政職(遞信部 要員) : 3,000명
- 檢察事務職 : 127명
- 응시 자격 : 1967년 1월 13일 현재 연령 18세 이상 45세 이하 인 자
- 시험과목(필수과목) : 國語, 數學, 一般常識, 國史, 法制大意
- 시험과목(선택과목) : 經濟大意와 英語 중 1과목

- 財政職(遞信部 要員) : 450명
- 世務職 : 남자 700명, 여자 300명
- 시험과목(필수과목) : 國語, 數學, 一般常識, 商業簿記, 經濟大意

- 시험과목(선택과목) : 法制大意와 英語 중 1과목

그러니까 모두 국가공무원 4,593명을 뽑는 시험이 시행된 것이다. 『서울신문』 1967년 3월 15일 자에 필기시험 합격자 명단이 실렸다. 부산 지역에서 5급을류 세무직에 응시한 노영현은 수험번호 156으로 합격했다.

132 배명현   133 배영길   143 정관영   147 손재준   156 노영현
157 조전래   158 이영희   178 설노윤   183 신성균   188 김수영
202 권한용   203 신환성

최종 합격자는 1967년 3월 28일 중앙청 정문 게시판에 게시하고 또한 개별 통지했다. 그러나 노건평은 1968년 5급을류 세무직 국가공무원 필기시험 합격자 명단에 없고, 노무현이 있다.
수험번호는 87.

부산 ㄴ

7 박차석   18 송시근   19 박방응   26 조선수   27 김정상
36 조오환   54 김순범   61 성신광   76 최인근   83 서정일
87 노무현   91 박해진

68년의 5급을류 세무직 국가공무원 필기시험은 3월 10일 일요일 시행되었고 면접은 4월 10일, 최종 합격자 발표는 4월 20일이었다.

이때 공고한 응시 자격, 선발인원 및 시험과목은 다음과 같다.

• 4급을류

- 財政職 : 110名
- 世務職 ; 360名
- 應試 資格 : 응시원서 접수일 現在年齡 18세 이상 45세 이하인 者로서 初級大學 이상을 卒業한 者 또는 4年制大學 3 學年課程을 수료하였거나 이와 同等 이상의 학력이 있다고 인정되는 者
- 시험과목 : 行政法, 會計學, 一般常識, 英語, 財政學, 經濟原論

• 5급을류

- 財政職 : 650명
- 稅務職 : 2,210명
- 應試 資格 : 응시원서 접수일 現在年齡 18세 이상 45세 이하인 者
- 시험과목(필수과목) : 國語, 數學, 一般常識, 商業簿記, 經濟大意
- 시험과목(선택과목) : 法制大意와 英語 중 1과목

노무현이 4급을류 세무직이 아닌 5급을류 세무직을 지원한 이유는 아무래도 회계학, 재정학, 영어 등의 시험과목이 부담스러웠기 때문일 것이다.

노건평은, 노무현의 말에 따르면, 중학교 2학년을 중퇴했다. 그렇다면 1955년 또는 56년의 일이다. 그런데 한국어 위키백과에는 야간고를 졸업했다고 하고 나무위키에는 "당시 최고의 명문고등학교 중 하나였던 경남고등학교를 졸업하고 바로 군대에 입대해 병장으로 만기 전역한 뒤 바로 공무원이 되었다."라고 하는데 어떤 근거로 쓴 것인지 알 수 없다.

　노건평이 어느 국민학교, 어느 중학교를 다녔는지는 전혀 알려지지 않고 있다. 나무위키 말대로 정상적으로 경남고를 졸업했으면 그해는 노무현이 중3이 되던 1961년 정도가 된다.

　노무현 말에 따르면 노무현이 부산상고 다니던 시절(1963~65) "둘째 형님이 세탁소 직공으로 벌어 내 숙식비를 부담해야 했으니"라고 한 것으로 보아 경남고 졸업하고 곧장 군에 갔다는 말은 낭설이다.

다음은 노무현의 고백 에세이라는 『여보, 나 좀 도와줘』의 구절들 이다.

대학을 다니다 말고 고시 공부를 하러 절에 들어갔던 큰형님은, 국민학교 여선생인 형수를 만나 연애 끝에 결혼을 했다. 형님 생각에는 형수가 직장이 있으니 고시 공부 뒷바라지를 해줄 거라는 계산도 있었을 것 같다. 그러나 결과는 정반대로 나타나 형님은 결혼 후 고시 공부를 중단했다. 형수의 구박과 괄시 때문에 공부를 더 계속할 수 없었기 때문이다. 그 이후 형님이 돌아가실 때까지 형님과 형수 사이는 끊임없이 불행했다.   (P123~124)

우리가 결혼할 당시 우리 집은 농사가 많았다. 형님 내외는 직장 따라서 부산에서 살고 있었기 때문에, 시부모 모시고 농사 수발을 하는 일은 아내의 몫이었다.   (P125)

사법시험 합격 수기에도 큰형에 대한 부분이 몇 군데 있다.

나는 경남 진영이라는 읍에서 약 10리나 떨어진 산골 가난한 농가에서 태어났다.
위로는 형님이 두 분, 큰형님은 부산대학교 법대를 졸업하고 고등고시를 준비하였으나 본래 가난한 살림에 벅찬 대학 공부 때문에 가세는 더욱 기울어 내가 국민학교 3학년 때쯤 끝내 응시도 해보지 못한 채 그만두고 말았다.

나는 3학년이 되면서 일찌감치 고교진학을 포기하고 5급 공무원 시험을 거쳐 독학으로 고등고시에까지 밀고 나가 보겠다는 결심으로 옛날 형님께서 보시던 누렇게 바랜 "법제대의"와 "헌법의 기초이론 (유진오)"을 꺼내 읽기 시작했다.
그러나 그해 10월에는 일자리를 찾아 나갔던 형님께서 돌아와 내가 하는 꼴을 보고 크게 나무라시면서 진학을 권하셨다. 나도 가정 사정을 들어 고집을 부려 보긴 했으나 끝내 강권에 못이겨 부산상고에 장학생으로 들어가게 되었다.

아! 그런데… 글쎄 정말 이럴 수가! 그렇게 끔찍이도 나를 아껴주시던 자신의 못다 한 소망을 나에게 걸어 꿈을 키워 주시던 큰 형님이 5월 14일 교통사고로 저세상으로 떠나 버리셨다.

노건평의 인터뷰를 실은 《월간중앙》 2002년 5월 호에도 노영현의 수험 생활을 말한 부분이 있다.

질의 공부 잘했던 동생이 상고에 진학한 것에 대해 가슴 아파하지 않았습니까?

"부산상고에 진학한 것은 동생 뜻은 아니었지만 어쩔 수 없었던 일이었지요. 집안의 경제사정이 더욱 기울자 동생은 진학을 포기하고 5급 공무원(현 9급) 시험을 보려고 했습니다. 5급 공무원이 되면 내친 김에 사법고시까지 해치운다는 결심을 한 것이죠. 큰형님이 부산대 법학과를 나와 고시 준비를 하고 있었고 그 뒷바라지도 만만찮은 일이었어요. 그나마 있던 과수원도 빚에 쪼들려 팔아야 했고 저도 학업을 중단했습니다. 그때 우리 집의 희망은 고시 준비하던 형님이었으니까요. 당시 부산상고는 상당한 명문이었어요. 상고 중 전국 제1이라는 소리를 들었고 상고생이 취직이 잘 될 때여서 크게 낙심할 일은 아니었습니다.

정치인이 하나같이 가난 코스프레하는, 흙수저 타령하는 나라인데, 노무현도 예외가 아니다.

다음은 노무현 측이 말하는 집안 사정이다.

> 아버지께서는 정직하고 양심적인 사람, 그러나 수완은 없는 사람이었다. 한 마디로 말해 성실한 농사꾼이셨다. 젊은 시절 객지에 나가 큰 돈을 벌어 오셨지만 몽땅 사기당하고 말았다. 또 친척들 간의 금전 거래에도 악착스러운 면이 없었던 탓에 집안 살림을 빼앗기거나 아니면 헐값에 넘겨 버리는 일이 적지 않았다. 가지고 있던 작은 공장과 논밭들이 그런 식으로 헐값에 친척들에게 넘겨졌다.
> (『여보, 나 좀 도와줘』, P123)

> 광복 후의 혼란이 한국전쟁으로 이어졌던 그 시절에는 너나없이 가난했다. 우리 집도 무척 가난했다. 말 그대로 허리띠를 졸라매고 살아야 했다. 아버지는 물려받은 재산이 없었다. 일제강점기에 일본 도쿄와 오사카, 중국 상해 등을 오가며 타이어 매매업을 해서 적지 않은 재산을 모았다. 일본어와 중국어에 능통하셨다. 중국 대륙 곳곳으로 전쟁의 포연이 확산되던 1942년, 가족들이 어머니가 돌아가셨다고 거짓 전보를 쳐서 아버지를 귀국하게 만들었다고 한다. 우리 가족은 그전에도 진영읍 본산리 여러 곳에서 살았는데, 이 무렵 봉화 마을에 정착했다. 아버지는 마흔 여섯 나이에 막내인 나를 얻으셨다. 그런데 그때는 어머니 친척 되는 사람한테 사기를 당해 재산을 다 날려버린 뒤였다.
> (『운명이다』, P42~43)

노무현은 자신의 삶에 큰 영향을 준 큰형에 대해 언급하면서도 극도로 정보를 아낀다.

합격 수기에서는 부산대 법대를 졸업했다 했으나, 이후의 글이나 인터뷰에서는 대학 이름도 밝히지 않고 막연히 대학을 다녔다고 하고 중퇴한 것처럼 묘사한다. 사후에 나온 자서전에는 부산대라고 밝힌다. 그리고 기이하게도 고시 공부는 했는데 응시는 하지 않았다고 이해하기 어려운 말을 한다. [응시를 하지 않으면 불합격하지 않는다!]

큰형이 세무공무원이 된 것도 막연히 공무원이라고 얼버무린다. 어떤 중학교와 고등학교를 다녔는지도 말하지 않는다.

여러 자료를 토대로 노영현의 일생을 추리하고 정리해 보면 다음과 같다.

노영현은 1932년 경상남도 김해시 진영읍 본산리 봉하마을에서 아버지 노판석(盧判石, 1900~1976)과 어머니 이순례(李順禮, 1904~1998) 사이 3남 1녀 중 장남으로 태어났다.

출생 순으로 노영현(盧英鉉, 1932~1973), 노영옥(1938~), 노건평(盧健平, 1942~)이 있다.

노판석은 재혼이고 이순례는 삼혼이었다.

노판석은 조영희(趙永喜)와 결혼했으나 1931년 12월 19일 합의 이혼한 것으로 호적에 기록되어 있다. 언제 결혼했는지는 호적에 나오지 않는다. 조영희의 소생인 노명자(盧明子, 1930~2013)는 노무현의 이복 누나가 된다.

이순례는 19세이던 1923년 3월 김필용(金必用)과 결혼했는데, 1929년 김필용이 사망했다. 초혼에서 이순례가 낳은 김선밀(金仙密

은 노무현의 이부 누이가 된다. 이순례는 이순풍(李順豊)과 재혼했다. 노판석과 이순례가 결혼 신고한 때는 1933년 1월 11일이다. 장남 노영현이 1932년생이니 1931년 이전에 동거에 들어간 것이다.

장남 노영현은 학교 성적이 뛰어나 집안의 기대를 잔뜩 받았다. 여섯 살 때 천자문을 외웠다. 부산대 법대에 들어갔다. '빽'이 최고인 세상에서 부모는 노영현이 사법시험에 합격해서 계층 상승한다는 것에 모든 것을 걸었다. 그래서 학비를 마련하려고 집을 팔기까지 했다. 노영현은 김해군에서 몇 명 안 되는 대학생이므로 지역에서는 유명 인사였다. 고등학교는 경남고를 나온 듯.

노영현이 부산대 법대를 다닌 시기는 노무현이 국민학교 다니던 시기라고 보아야 한다. 즉 1953~1959년 사이이다. 사법시험에 방해가 되는 군대 문제는 어떻게 해결했는지 알 수 없다.

나무위키의 노건평 항목에는 이런 대목이 있다.

"동생 노무현과 마찬가지로 머리는 꽤 좋았던 것으로 보인다. 당시 최고의 명문고등학교 중 하나였던 경남고등학교를 졸업하고 바로 군대에 입대해 병장으로 만기 전역한 뒤 바로 공무원이 되었다."

나무위키는 오류가 많다.
노건평은 중학교 중퇴하고 야간고를 다녔다는 것이 정설인데, 경남고 나왔다는 말은 노영현의 학력을 말하는 것 같다.

노영현이 지역에서 유명 인사였으므로 이런 일도 있었다. 진영읍 내 학교들이 소풍을 봉화산으로 많이 왔다. 소풍 온 학생들이 노영현 집에 와서 노영현을 구경하고 갈 정도였다.

"여기가 노 천재가 사는 집이다. 노 천재 어디 있나"하면서.

《월간중앙》

2002년 5월 호는 독점 고백이라 하면서 "내 동생 무현과 우리 가족史를 말한다"는 제목으로 기사를 실었다. 제목 위에 '친형 노건창 作心 토로 10시간'이라는 말이 붙어 있다.

여기에 이런 대목이 있다.

질의 어린 시절 노 고문은 상당한 수재였다면서요?

"동생은 공부를 참 잘했어요. 적어도 중학교 때까지는 그랬지요. 초등학교 때는 별명이 두 개 였는데 하나는 키가 작다고 해서 '돌콩', 또 하나는 공부를 잘한다고 해서 '노 천재'였습니다. 여섯 살 때 천자문을 완벽하게 외웠으니까요. 어떤 글자를 물어봐도 음과 훈을 정확히 대고 꽤 번듯하게 쓰기까지 했습니다.

일화가 있어요. 우리 집 근처에 봉화산이 있습니다. 참 좋은 산이지요. 꼭대기에 올라가면 김해·밀양·창원 일대가 훤히 내려다보입니다. 진영읍 내 학교들이 소풍을 봉화산으로 많이 왔지요. 그런데 소풍 온 다른 학교 학생들이 우리 집에 와서 동생을 '구경'하고 갔습니다. "여기가 노 천재가 사는 집이다 노 천재 어디 있나"하고 말이지요. 거짓말 같은 얘기지만 사실입니다."

탐관오리 노건평(노건창)의 말은 액면 그대로 믿을 수는 없는데, 상식적으로 중학생이 아무리 천재라 소문이 나도 또래 학생들이 구경하러 온다는 것은 말이 안 된다. 그렇다고 '노 천재 이야기'를 전부 창작이라 할 수 없다. 노무현이 아닌 노영현 이야기로 본다. 50년대 60년대는 대학생이 지나가면 지방에서는 '대학생이다'라면서 구경하기도 했다. 『김영삼 회고록』에도 이런 에피소드가 나온다.

나는 대학 시절 고향에 내려올 때면 야학을 열곤 했다. 문맹이 많던 시기였다. 나는 호롱불 밑에서 글을 가르치고 사람들에게 세상 돌아가는 얘기를 들려주었다. 야학을 하러 가면, 동네 사람들이 모두 대학생인 나를 구경하려고 나올 정도였다. 창랑 선생의 비서 시절에도 고향 사람들과 많은 교류를 해 왔다. 이런 이유들로 해서 입후보할 당시 나는 거제도 내에 제법 알려진 편이었다.

노영현은 대학 시절부터 사법시험에 매달렸는데, 부모는 뒷바라지 하느라 집도 팔았을 뿐 아니라 1960년 무렵에는 마지막 남은 재산인 과수원도 팔았다. 노영현은 국민학교에서 잠시 교편을 잡았는데, 여기서 여교사 서영옥을 만났다.

【노무현이 합격 수기에서 "내가 국민학교 3학년 때쯤 끝내 응시도 해보지 못한 채 그만두고 말았다"고 하니 이 무렵 사법시험을 포기하고 국민학교 교사가 된 듯 하다.】

노영현은 서영옥과 결혼하고 다시 사법시험에 전념했으나 계속 떨어져 처의 괄시를 받았다.

1967년 35세의 늦은 나이로 5급을(9급) 세무 공무원 시험에 합격하여 부산 지방국세청에서 근무했다. 세무 공무원이 되어 빠른 시기에 기울어진 가세를 일으켜 노무현이 제대하기 전 팔았던 과수원을 다시 사들였다.

1975년 4월 18일《고시계》는 17회 사법시험 합격자 좌담회를 열었는데, 6인의 참석자 가운데 노무현이 있었다. '어디서 공부했나?'라는 질문에 노무현은 이렇게 답했다.

> 저는 공부를 始作할 때는 집에서 한 1km 떨어진 곳에서 했습니다. 저의 집이 진영에서도 아주 시골이기 때문에 소음이 별로 없는 과수원 안에 농막을 지어 놓고 공부를 했지요.

여기 나오는 과수원은 상식적으로 보아 남의 집 과수원이 아니라 노무현 집 과수원이다.

노무현은 합격 수기에서는 "71년 제대를 하고 집에 오니 집안 사정은 상당히 호전되어 있었다"라고 막연한 기술을 한다.

유시민이 정리한 노무현 자서전 『운명이다』에는 좀 더 구체적으로 나온다.

> 군에서도 공부를 하려고 했지만 영어 단어 하나 암기하지 못하고 3년을 보냈다. 제대를 하고 돌아와 보니 집안 사정이 많이 좋아져 있었다. 형님들이 세무공무원으로 취직해서 돈을 번 덕분이었다.
> (P57)

60년대, 70년대에 하급 공무원은 봉급이 최저 생계비에도 미치지 못했다. 고도의 경제성장으로 국가 살림이 나아진 1980년에도 여전했으니 60년대 후반, 70년대 초는 훨씬 심했다.

다음은 『서울신문』 1980년 2월 6일 자 기사이다.

"공무원 不條理는 薄俸 때문"

延世大 大學院 鄭庸萬 씨 조사

공무원의 보수(報酬)가 대부분 생계비에 미달해 71%가 「타인 보조」 「가족 취업」 「부업」 등의 방법으로 부족한 생계비를 충당하고 있다. 또 무주택 공무원이 40%에 이르고 63%가 자신들의 생활수준을 「최저생활수준이하」라고 보고 있다.

"報酬론 生計費 안된다" 99%
"公職 생활 不滿스럽다" 86%

이같은 사실은 延世大 대학원 鄭庸萬 씨(32)가 최근 21개 주요 中央 관서 및 3개 도청 근무 4급 이상 공무원 521명을 대상으로 한 「공무원 처우 개선에 관한 의식구조 조사」에서 밝혀졌다.
설문(設問)에 응한 공무원의 50%가 『현재의 보수가 생계비로서 부족하다』, 49%가 『너무 부족하다』고 대답, 공무원의 99%가 생활이 어려운 실정이라고 응답했다.
이 조사에 따르면 공무원의 63%가 부조리의 가장 큰 원인은 『생계비 조달』 때문이며 『국민들이 자신들을 좋지 않게 평가하고 있다』고 생각하는 사람이 전체의 58%나 됐다.

또한 공무원의 63%가 『서정쇄신작업은 「보수의 현실화」없이는 이루어지지 않는다』고 보고 있어, 「국민에 대한 봉사자」로서 사기(士氣)가 떨어져 있고 이들의 능률 제고(提高)를 위해서는 보수 현실화가 시급한 것으로 지적됐다.

이 조사는 또 전체 공무원의 65%가 빚을 지고 있으며 그 원인은 주택 마련(41%), 생계비 조달(39%), 학자금 마련(9%) 때문이고 액수는 140만원 이상이 33%나 되며 60만원 미만은 29%라고 밝히고 있다. 무주택공무원 중 39%는 『집마련은 불가능하다』고 응답했다.

공무원 사회에 부조리가 뿌리 뽑히지 않는 이유에 대해 68%가 생계비 조달 때문이고 19%가 직업윤리의 타락에 기인한다고 대답했다.

공직생활에 대한 민족도(滿足度) 조사에서는 대상자의 14%만이 만족을, 86%는 불만스럽다고 응답했는데, 그 이유로는 『낮은 보수 때문』이 80%, 『장래성 결여』가 15%, 『권위주의적인 상부의 감독』이 2%의 순이었다.

공직(公職)을 택하게 된 동기는 우연한 기회가 53%, 봉사자로서의 사명감 때문이 32%, 국가권력행사가 2%의 순으로 되어 있다.

이밖에 『장래 자녀들이 공직을 희망할 경우 찬성할 것인가』라는 질문에는 21%가 『찬성』한다고 대답했을 뿐 77%는 『반대』라고 대답했다.

    그러나 어떤 공무원들은 집안을 일으킬 정도로 수입을 올리는 묘책이 있었던 모양이다. 세무공무원의 비리가 하도 심해서 국세청은 1972년 연초부터 비리 직원 벌칙을 강화했다.

다음은 『서울신문』 1972년 1월 8일 자 기사이다.

"혐의"만에도 징계

세무공무원 벌칙 크게 강화

국세청은 8일 납세자를 보호하기 위해 세무공무원의 비위를 미리 막고 이를 뿌리뽑기 위한 비위 직원 벌칙 규정을 강화했다. 국세청은 내국세의 부과 감면과 징수, 국유재산 처분 등에 대한 자체 감사에서 지금까지는 일정한 금액을 위주로 처벌해 왔으나 앞으로는 금액의 많고 적음에 관계없이 부정의 고의성, 비위 부정의 혐의가 있는 사항에 대해서도 고발·징계 또는 인사조치토록 벌칙을 질적으로 다스리겠다고 밝혔다.
국세청은 또 직권남용에 의한 과다부과로 납세자의 권익을 침해하는 경우에도 이를 문책, 연대책임을 물어 세무서장까지 고발·징계 및 인사조치할 방침이다.

세무 공무원이 직권으로 과다하게 세금을 매기고, 이를 매개로 흥정하여 돈을 뜯는 범죄가 많았던 모양!
대한민국 역사가 '기회주의가 승리하고 정의가 패배한 역사'라고 취임식에서 당당히 밝힌 '정의의 화신' 노무현의 가문이 설마 부정한 방법으로 가세를 일으켰을까? 초능력자 집안인 노무현 일가는 종이를 한국 은행권으로 만드는 재주가 있었나 보다.

노영현은 어떤 이유인지 법대를 나온 자신도 합격하지 못한 사법시험을, 자신보다 성적이 훨씬 낮았던 동생이 독학으로 합격할 거라 믿고 뒷바라지하다가 1973년 교통사고로 사망하였다.

노영현에게는 세 아들이 있다.

盧昌國, 盧智源(처 구미향), 盧振國. 노영현 아들도 이름에 돌림자를 지키지 않은 애가 하나 있는 것이 특색이다.

노무현은 합격 수기에서 공부하는 데 큰형의 도움을 받았다는 말을 전혀 하지 않는다. 천재라서 또는 초능력자라서 도움을 줄 필요가 없었던 모양!

세번째 이야기

창원군 진전면 학살 사건

세번째 이야기
창원군 진전면 학살 사건

 권오석(權五皙)은 1921년 안동 권씨 집성촌인 경상남도 창원군 진전면 오서리에서 아버지 권영찬(權寧贊, 1900~1971년 6월 1일)과 어머니 허달이(1901~1964) 사이에서 1남 1녀 중 외아들로 태어났다. 진전 보통학교를 졸업하고 5년제인 밀양 공립농잠학교를 3학년까지 다니다가 1943년 지방 공무원 시험에 합격. 마산시 진전면 면사무소에서 근무했다.
 8·15 광복 후 조선 노동당에 가입했다. 1945년 12월 막걸리의 도수를 높이려고 메탄올을 넣어 친구와 마시다가 친구는 사망했으며 본인은 실명했다.
 1950년 한국전쟁이 일어나 창원도 인민군에 점령되었다. 이때 창원군 진전면 치안대가 조직되어 보도연맹원 처리에 대한 보복으로 적어도 양민 11명을 학살했다.

卞百燮 · 43세 · 농업 · 창원군 진전면 양촌리
卞先燮 · 34 · 농업 · 창원군 진전면 일암리
卞曾燮 · 33 · 농업 · 창원군 진전면 양촌리
金玉甲 · 53 · 농업 · 창원군 진전면 알암리
金万祚 · 32 · 농업 · 창원군 진전면 시락리
金聖甲 · 46 · 농업 · 창원군 진전면 창포리
朱正浩 · 28 · 군인 · 창원군 진전면 봉암리
朴宗洙 · 51 · 區長 · 창원군 진전면 오서리
朴周漢 · 47 · 농업 · 창원군 진전면 오서리
鄭奉柱 · 32 · 농업 · 창원군 진전면 광촌리
權五乾 · 28 · 군인 · 창원군 진전면 오서리

　이 사건에 경남 창원군 로동당 부위원장, 반동 조사위원회 부위원장 겸 조사원인 권오석이 반동분자, 즉 즉결처분할 대상을 골라내는 임무를 맡았다. 눈이 먼 권오석은 아무것도 모르는 주민들을 모아서 손을 만져 보고 처형 대상을 결정했다.
　권오석은 국가보안법 제1조·3조 위반 및 살인죄, 살인예비죄 등이 적용되어 처벌 받았다. 수감 중 폐결핵 등 질병이 도져 1956년 형집행정지가 내려져 풀려났다. 1961년 3월, 5·16 군사혁명이 일어나기 전 장면 정권 때 권오석은 재수감되었다. 사망할 때까지 전향하지 않았으므로 비전향 장기수이다.

대검찰청 수사국이 작성한 『좌익사건실록』에 기록된 權五晢의 범죄

제8 피의자 權五晢은

1) 1949년 6월 1일 오전 7시경 자택에서 남로당 진전면책 金行돌 권유로서 지정가입하여, 1950년 1월 10일경까지 맹인임에도 불구하고 此를 기화로 부락당원에서 군당(郡黨) 선전부장의 중요직에 임명되어, 「토지개혁」, 「남녀 평등권」, 「정세보고」 등을 남로당이 목적하는 바의 실행을 선전하고

2) 1949년 12월 14일 오전 9시 및 동일 오전 12시 2회에 걸쳐 창원군 진전면 오서리 거주 權景純 및 權五尙으로부터 현금 5천원씩 계 1만원 군자금을 조달하여 당에 제공해 간부의 임무를 완수하고

3) 1950년 8월 11일 오후 9시경 창원군 진전면 일암리 대방 부락에서 창원군 노동당 위원장 玉哲柱로부터 同黨 부위원장인 간부의 부서에 편입하고

4) 1950년 8월 19일 오후 7시경부터 창원군 진전면 일암리 대방 부락 허경순 자택 사랑에서 제1(玉哲柱), 제2(孫鍾吉), 제6(金仁鉉) 등과 회합하여 인민공화국 기관을 설치하며 공산군 점령 지구 내에서 후방 보급사업을 목적으로 창원군 진전면 치안대를 조직하고

5) 1950년 8월 20일 오전 9시부터 창원군 진전면 일암리 대방 부락에서 제1, 2, 6 피의자 등과 회합하여 반동분자로 지명된 자를 숙청하기 위하여 반동조사위원회를 설치하여 同會 부위원장 겸 조사원을 피임하고

6) 1950년 8월 20일 오전 10시부터 창원군 진전면 일암리 소재 군당 조직본부에서 제2 피의자와 공모하여, 「노동자 진전면당」,

「임시 인민위원회 진전면 위원회」, 「진전면 임시 농민위원회」, 「진전면 임시 여성동맹」, 「진전면 임시 민주청년동맹」의 각 기관을 설치하여 인민공화국 형태의 하부 조직을 감행하고

7) 1950년 8월 23일 오전 10시부터 창원군 진전면 일암리 대방 부락에서 제1, 2, 6, 7 피의자와 공모하여 인민공화국 형태로 확립할 목적으로 「창원군 임시 인민위원회」, 「창원군 임시 민주청년동맹」, 「창원군 임시 여성동맹」, 「창원군 임시 농민위원회」 등의 각 기관을 조사 설치하고

8) 동일 오후 8시경 창원군 진전면 일암리 대방 부락에서 제1, 2, 6, 7 피의자 등과 공모하여 노동당 창원군당을 강화하기 위한 목적으로 同黨을 개편하고

9) 1950년 9월 3일 오전 9시경부터 창원군 진전면 일암리 대방 부락 소재 黨 조직본부에서 반동분자 조사를 강력히 추진시키기 위하여 반동분자 조사위원회를 개편하고

10) 1950년 8월 9일부터 20일까지의 사이에 걸쳐 창원군 진전면 일암리 대방부락 소재 許景九의 자택 창고를 假 감금소 및 반동분자 조사위원회 본부로 하여, 면 치안대에서 제1, 2, 6, 7, 10 피의자 등과 공모하여 창원군 진전면 양촌리 거주 前 면장 卞百燮 외 50여명을 좌익에 대한 반동분자로 지명하여 불법체포 감금하고, 그 죄상을 조사한 사실이 있고

11) 1950년 8월 말 일시불상 야간에 창원군 진전면 일암리 대방 부락 許花村宅 마당에서 제 1, 2, 5, 6, 7, 14, 20, 27 및 權景元 등과 공모하여 반동분자 취급 토의회를 개최하고, 반동분자로 지정하여 불법체포 감금 중인 卞百燮 외 7명에 대하여 조사 경과 보고 등과 학살에 대한 음모계획을 감행하고

12) 1950년 9월 5일 오전 3시경 고성군 회화면 옥산골 「번듯대 고개」에서 제1 피의자 외 수명이 공모하여 반동분자로 지명하고,

음모계획 중이던 양민 卞白燮 외 9명을 학살하는 현장 부근에서 학살을 용이하게 감시하고

13) 1950년 9월 10일 오후 6시경 창원군 진전면 일암리 대방 부락 면 치안대 본부에서 제1, 2, 4, 7, 10 피의자 및 李東洙, 許南洪 등과 공모하여 불법체포 감금 조사한 반동분자 金玉甲 외 수명에 대하여, A급(처형자), B급(강제 노무), C급(석방자) 등으로 구분하여 학살할 음모계획을 감행했다.

2002년 4월 10일 송정호(宋正鎬) 법무장관은 국회 본회의 對정부 질문 답변에서 이원창(李元昌) 의원의 질의에 대답했다.

이원창 : 민주당 노무현 씨의 장인 권오석 씨가 6·25 때 인민재판에 재판장으로 일해 가지고 양민을 9명이나 처형하는 데 가담했습니다. 죄목은 무엇으로 나와 있습니까?

송정호 : 권오석은 비상사태하의 범죄 처벌에 관한 특별조치법과 국가보안법 위반으로 처벌받았습니다.

이원창 : 그렇지요. 그것은 남한에 있어서는 어떤 처벌이 되는 것입니까?

송정호 : 남한요?

이원창 : 우리 측에서 보면 어떤 처벌이 되는 것입니까?

송정호 : 예, 그 당시 저희 법입니다.

이원창 : 그러니까 저희 법이 그런데 그러한 죄목으로 양민을 처형했다는 것입니다. 그렇지요.

송정호 : 예.

이원창 : 어떻게 생각하세요.

송정호 : 제가 특정 개인의 범죄 전력에 대한 개인적인 견해를 밝히는 것은 적절치 않다고 생각하고….

이원창 : 아니 그분은 6·25 때 인민재판의 재판장이었습니다.

송정호 : 다만 그와 같은 법으로 처벌되었다는 사실은 분명히 말씀드립니다.

이원창 : 예. 곤란한 질문은 너무 계속하지는 않겠습니다. 권오석씨가 수감된 것은 1950년이었는데 자녀가 생산된 해가 수감 중으로 되어 있습니다. 1957년과 1961년입니다. 그런데 그의 사망은 1971년입니다. 그러면 수감 중에 일단 석방이 되었다는 뜻인지, 어떻게 자녀들을 생산했습니까?

송정호 : 그렇습니다. 기록에 의하면 권오석은 1956년 8월 19일에 폐결핵, 양안 실명 등의 사유로 형집행정지가 되었습니다. 그랬다가 1961년 3월 27일에 잔형집행을 위해서 재수감됐습니다.

권오석은 박덕남(朴德南, 1920~2017년 2월 24일)과의 사이에서 장녀 권창좌(權昌左. 1946~생존), 차녀 권양숙(權良淑, 1948~생존), 3녀 권진애(權珍愛. 1952~생존), 아들 권기문(權奇文. 1955~생존)을 낳았다. [출생 연도의 정확성은 알 수 없다.]

권기문은 부산상고와 경성대 회계학과를 나옴. 1973년 한일은행 입사. 2002년에는 우리 은행 다님.

卞萬燮 씨의 증언 - 『월간조선』 인터뷰

학살당한 사람 중의 하나인 卞百燮(진전면 면장을 지냄, 학살 당시 41세) 씨의 아우인 변만섭 씨는 2002년 마산시 진전면 양촌리에 거주. 진전면은 당시 창원군에 속함. 양촌리에서는 변백섭 씨 외에 변증섭(卞曾燮 : 변백섭의 8촌 동생), 친구 鄭奉柱 씨가 학살됨.

질의 노무현 씨의 장인 권오석씨는 맹인으로 기록에 나와 있는데, 학살에서 주도적으로 참여했다는 것이 이해가 잘 가지 않는다.
『권오석 씨는 어려서 맹인이 된 것이 아니라, 해방 무렵에 어른이 되어서 술을 잘못 마시고 눈이 멀었다. (진전면 치안대 학살 사건에) 권오석이 연루됐다는 얘기를 나중에 들었다.』

질의 권오석 씨를 잘 아나?
『형님이 면장을 할 때 그 아래서 면서기를 했기 때문에 가끔 어울렸다. (권오석의) 부친 권영철씨도 잘 안다.』

질의 권씨는 어떤 사람이었나?
『체구가 크고, 성격이 강건(剛健)한 사람이었다. 남에게 지기를 싫어했고, 전쟁이 났을 때는 면에서 일하지 않고 농사 일을 했다.』

질의 그가 남로당원이라는 사실을 알고 있었나?
『그 양반이 서적을 읽고 좌익 사상을 가질 그럴 사람은 아니었다. 6·25가 나서 인민군이 점령하고 나서야 그렇다는 걸 알았다.』

질의 형님은 왜 살해됐나?

『형님은 초대 民選 진전면 면장(1945년 12월 15일 ~ 1949년 4월 7일 재임)이었다. 우익 반동분자로 몰렸는데, 그때 시골에서 좌익이나 우익 사상이라고 할 만한 걸 갖고 있는 사람이 있었겠나? 좌익들이 자신들을 따라다니지 않는다고 우익으로 몬 것이다. 전쟁 전에 진전면에는 서청(西靑 : 서북청년단)이 와 있었다. 좌익들은 형이 서청을 불러온 것이 아니냐며 형을 추궁했다. 형님은 요 앞 대방 마을의 수용소에 갇혀 있으면서 「내가 무슨 죄가 있느냐」는 얘기만 했다고 한다.』

질의 서청이 진전면에서 좌익인사들을 괴롭혔나?

『네댓 명 와 있었다. 손짓을 했는지는 모르지만, 사람을 죽이지는 않았다. 그 사람들이 이북에서 공산당 등쌀에 못 이겨 넘어온 사람들 아닌가. 「빨갱이를 해서는 안된다」, 「지도하러 왔다」며 돌아다녔다.』

질의 그렇다면 인민군이 점령했다고, 우익인사들을 죽일 것까지야 없지 않나?

『전쟁 나고서 보도연맹에 가입했던 좌익 쪽 사람들이 끌려가서 죽었다. 우리 동네에서는 權씨가 두 명, 卞씨가 세 명 죽었다. 좌익들이 그 분풀이를 한 것이다.』

질의 좌익은 보도연맹원들이 끌려갈 때 관련 있었던 사람들을 죽인 건가?

『경찰에서 끌고 간 건데 면장인 우리 형이 무슨 책임이 있나. 또 죽여서 무슨 효력을 보겠나. 그저 私感으로 죽인 거다. 여기 있던 좌익들이 인민군의 위세를 업고, 우리 세상이 왔다고 천지를 모르고 깨춤을 췄다. 인민군이 그랬더라면 軍法이라도 있었을 텐데 자기들 마음대로 사사로운 감정으로 사람을 죽였다.』

양촌리는 산허리에 나 있는 길을 경계로 위쪽에는 보도연맹 사건으로 학살당한 사람들이, 아래쪽은 진전면 치안대 학살 사건으로 죽은 사람들이 모여 살고 있다. 산허리 길을 주민들이 38선으로 부르기도 했다.

노무현 측의 권오석 관련 발언

처음에는 가슴이 철렁했는데, 「노사모」인지 「안노사모」인지 홈페이지에 (장인이 좌익수였다는 사실을 알고도 결혼한 사실이) 「멋있다」는 글을 띄워 놓았어요. 그래서 (장인이 좌익수로 복역 중 사망했다는 것을 알고 결혼)했다는 얘기를 했어요. 앞으로 이 얘기를 계속해야 할 지 모르겠어요. 자꾸 하자면 쑥스럽잖아요. 노무현이는 건드리면 표가 나옵니다. 건드리지 마세요.
(2002년 4월 5일, 노무현)

장인은 해방되던 해에 실명한 분인데 무슨 일을 얼마나 할 수 있었는지 모르겠다. 나는 (처가의 좌익 경력을) 알고 결혼했으며, 그렇다고 아내를 버려야 하느냐. (2002년 4월 6일, 노무현)

해방 전 권씨 집안으로부터 무시를 당했던 박씨들이 전쟁이 나자 권씨들을 좌익으로 몰려고 많이 괴롭힌 게 사실
(권오석의 종조카 권경식, 문화일보와의 인터뷰)

전쟁 직후에는 부역 혐의가 조금만 있어도 즉결심판으로 처벌받던 시절인데도 무혐의로 풀려났던 아저씨가 6~7년이 지난 시점에서 다시 감옥에 간 데는 많은 의혹이 있다. 악질 좌익이었던 B씨가 구

속된 뒤 자신이 살기 위해 죄를 뒤집어 씌운 게 틀림없다.

(권경식, 문화일보와의 인터뷰)

전혀 앞을 못보는 종숙께서 공산당에게 부역을 했으면 얼마나 했겠습니까? 내 집안의 많은 종숙들은 좌익하다 죽고, 우익하다 죽어갔습니다. 공직에 근무하다 하루아침에 두 눈을 실명해 기나긴 하루하루를 살아가는 외로운 종숙은 전쟁이 발발하자 아무도 찾아주지 않는 외로움에, 주·객관이 무시된 채 군당위원회에 부역을 하였으나 이름만 선전부장이지 종숙께서 행한 부역 행태는 우리 모두가 그때 당시를 보지 못했지만 이해가 갈 것이라고 생각됩니다.

특히 수복이 되어 근경에 연행되어 조사를 받았으나 죄가 경미하다 하여 석방되어 종형도 낳고 평온한 가정을 꾸리다, 당시의 악질 죄인이었던 변모씨가 구속되자 자기가 살아보겠다는 생각으로, 창원 군당의 악질적 일들을 앞도 못보는 저의 종숙에게 모두 뒤집어씌워 평생을 교도소에서 마감한 종숙의 일생을 우리 후진들은 가슴에 안고 살아왔습니다. 종숙께서는 집안의 영향을 받아 한학을 하였으며, 공맹사상가였지 사회주의자는 아니었습니다.

(4월 11일, 권경식이 노무현 공식 홈페이지에 올린 글)

권씨가 병 때문에 잠시 감옥에서 나온 적이 있어 「어쩌다 그렇게 됐느냐」고 묻자 「억울한 누명을 어떻게 말로 다 얘기할 수 있겠느냐」고 대답했었다.

(노건평, 문화일보와의 인터뷰)

기억이 나지 않아 상세하게 얘기할 수 없다. 아버지 문제가 나올 때 가장 어려웠다. 자라면서 어린 마음에도 전쟁은 절대 있어선 안 된다고 생각했는데 그게 갈등을 부르는 소재가 돼 공격당하다니……무책임하게 들릴지 모르지만 그때 나이가 어려서 부모님 일은 잘

모른다. (4월 27일, 권양숙)

『부친은 1948년 막걸리에 메틸 알코올을 잘못 타 먹어 사모님이 두 살 때 실명했다. 그 상태에서 6·25 당시 공산군의 부역을 강요받아 수복 후 구속됐으나 곧 석방됐다. 그런데 5·16 이후 사회불안 요소를 격리한다는 차원에서 벌어진 예비검속으로 다시 투옥돼 1971년 마산교도소에서 옥사했다.』

(4월 27일, 권양숙이
중앙일보와의 인터뷰에서 여성 특보 李恩熙 발언)

『기록이 일부 있고 형을 살았던 만큼 부정할 생각은 없다. 그걸 쟁점으로 해서 소용돌이를 일으키는 것보다는 그 시대의 아픔 정도로 이해했으면 한다.』

(권오석의 아들 권기문, 문화일보와의 인터뷰)

『당시에는 누가 이북사람하고 만나 무슨 얘기를 했느냐가 중요하지 않고 만났다는 사실만으로도 절단나던 시절 아니냐. 이제 와서 그때 상황을 맞다 틀리다 말하는 것이 쉽지 않다. 아버지가 23세 청년 시절 사고로 눈을 잃었는데, 내 입장에서 보면 인생이 끝난 것 아니겠나. 그런 상황에서 얼마나 주도적으로 역할을 할 수 있었을까 의문이지만 이를 입증할 방법은 없다.』

(권기문, 문화일보와의 인터뷰)

『사리 상 조금 맞지 않는 부분이 있는 것 같지만, 장모와 처남은 다시 들추기 싫어한다. 조금 가담하고 더 가담한 것이 무슨 의미가 있느냐고 한다.』

(5월 3일, 노무현, 권오석 묘 참배하는 자리)

성역도 금기도 없는 좋은 세상이 됐으면 좋겠다. 장인은 얼굴도 본 적이 없다. 다들 말하기를 꺼려하고 알려고도 하지 않고 얼굴도 못 본 분이지만 사랑하는 아내의 아버지일 뿐 그 이상도 이하도 깊이 생각해 본 적 없다. 변명하자면 나는 모른다. 남의 일이라 생각하고 그 의미를 붙인다면 그것은 백성의 일이다. 지난날의 일이다.

(5월 3일, 노무현, 권오석 묘 참배하는 자리)

노무현 자서전 『운명이다』는 권오석에 대해 왜곡된 기술을 한다.

아내는 아버지 일로 고통스러운 유년을 보냈다. 장인은 사고로 시력을 잃은 장애인이었는데도, 한국전쟁 때 인민군에 협력한 혐의로 전쟁이 끝난 뒤 구속되었다. 석방과 재수감을 거듭하다가 결국 세 딸과 막내아들 하나를 남겨 두고 감옥에서 돌아가셨다. 아내는 둘째 딸이었다. 아내는 청와대에 있을 때나 퇴임한 후에나 친정어머니를 오랜 세월 함께 모시고 살았다. 장모님은 연세에 비하면 지금도 비교적 건강하시다. <u>그 모든 것이 아주 어린 시절 일이었기 때문에, 어린 아내는 영문도 모른채 아들을 잃은 비통함에 젖어 고향을 등진 할아버지를 따라 봉하마을로 이사를 왔다.</u> 우리는 이때부터 한마을에서 같이 자랐다.

권양숙 일가가 봉하마을로 이사 온 연도는 1959년으로 권양숙이 국민학교 5학년 때였다. 권오석이 재수감 된 때는 1961년 3월이었다. 즉 권양숙이 부산 혜화여중 1학년 때였다. 권오석이 옥사한 연도는 1971년으로 권양숙이 계성 여상 졸업하고 부산에 취업하고 있을 때였다. 모르는 사람이 이 글을 읽으면 권양숙 일가가 1971년 봉하마을로 이주한 줄 알 것이다.

당시 상황을 가장 잘 아는 권오석의 처 박덕남은 2017년 죽을 때까지 아무런 말도 하지 않았다.

학살 현장 목격자들의 증언

『월간조선』은 2002년 5월 피해자 가족의 증언을 모았는데, 이들은 몹시 망설였다. "대통령이 될지도 모르는 노무현씨에게 불리한 얘기를 했다가 혹시 보복을 당하지 않을까"하는 불안 때문이었다.

• 변재원 씨 증언

변재원(卞在源) 씨는 학살당한 변백섭 씨의 조카이다.

6·25가 났을 때 나는 진주 농림학교 5학년으로 열아홉 살이었다. 경남 창원군 진전면 양촌리에 살고 있던 나는 작은 아버지(변백섭 면장)와 함께 8월 2일 피란길에 나섰다. 음력으로 6월 19일이었다. 진주까지 인민군이 점령한 상태여서 마산 쪽으로 갈 생각이었다. 대가족이었던 우리 일가의 대부분은 마산으로 이미 피란한 상태였다.
  작은 아버지와 내가 8월 1일 피란을 하려고 창원군 진전면 지서(支署) 앞을 지나는데 경찰관들이『面의 유지분이 피란을 가시면 面民들이 동요하니 가지 말라』고 만류했다. 그래서 작은 아버지와 우리 일행은 집으로 돌아왔다. 그런데 8월 2일 새벽 인민군 선발대가 진전면 지서를 점령했다. 우리는 그 무렵 피란길에 나서 경남 함안군에서 하룻밤을 보냈다.

　나는 우리 외가가 있는 함안군에 머물렀고, 숙부님과 중부님과 함께 2~3일 머물다가 고성군으로 갔다. 고성군에 간 지 며칠 후 진전면 치안대장과 변영석이라는 사람이 총을 메고 나를 잡으러 왔다. 나는 고성군 구만면에 있는 창고에 감금됐다. 감금된 사람이 처음에는 4~5명이었는데 점점 불어났다. 내가 갇힌 다음날 삼촌이 잡혀왔다. 삼촌은 조카가 17명이나 되는데, 내가 함께 끌려갔던 유일한 조카다.

　다음날 우리는 창원군 진전면 일암리 대방 마을의 許景九 씨 고방에 갇혔다. 고방에는 다락방이 하나 있었는데, 다락방에는 나 같은 젊은이들이 생활했고, 아래에서는 나이 든 분들이 있었다. 고방에 갇힌 이는 열댓 명쯤 됐다. 이때가 8월 9일 또는 10일쯤으로 짐작된다.

　대방 마을은 내 고향인 진전면 양촌리에서 1km 이상 가파른 산길을 올라가야 하는 곳이다. 여기에는 창원군 인민위원회 본부, 치안대 본부가 있었다. 갇혀 있는 동안 김극오(金克五-창원군 임시 인민위원장)를 봤다. 이 사람의 집이 진전초등학교 입구에 있어서 전부터 잘 알고 있었다.

　(김극오의) 큰아들이 적 치하에서 창원군 치안대장을 했다. 치안대 완장을 차고, 권총을 차고 다녔다. 둘째 아들도 대방 마을에서 돌아다녔다. 집안 할아버지 되는 분이 김극오를 붙잡고 "우리가 뭘 잘못했느냐, 살려 달라"고 애원했다. 김극오는 "죽을 놈은 죽고, 살 놈은 사는 거지"라며 퉁명스럽게 얘기했다.

　6·25 직후 아들이 보도연맹 사건으로 죽은 옥동댁(朴玉伊·당시 63세)이 "원수를 갚아야 한다"고 소리를 지르며 돌아다니는 모습도 보였다.

일주일쯤 지났을까 군복을 입은 빨치산이 총을 거꾸로 메고 와서 "반동분자 놈의 새끼야"하며 다락방에 있는 나를 불렀다. 나는 고방 뒤편에 있는 방공호로 끌려갔다. 그는 "너 이놈, 학도호국대 감찰부에 있으면서 악질로 굴었지"하고 추궁했다.

그때는 모든 학생이 학도호국대원이었다. 바지 주머니에 있던 학도호국대 대원증을 꺼내 보여주면서, "내가 감찰부원이라면 표시가 돼 있을 것 아니냐. 봐라"고 했다. 그는 나를 다시 고방으로 돌려보냈다. 총을 멘 그가 "반동분자"라고 하면서 방아쇠를 한번 당기면 끝장나는 그런 때였다. 공포감이 왈칵 몰려왔다.

고방에 갇혀 있던 사람들은 하나씩 불려나가 조사를 받았다. 먼저 조사를 받은 작은 아버지는 자포자기한 모습으로 나를 붙잡고 "너라도 살아 나가야 할 텐데"라는 얘기만 했다.

갇힌 지 1주일쯤 더 지나서 나를 불러냈다. 나를 신문(訊問)한 사람은 한복을 입은 맹인이었다. 눈을 감은 맹인이 아니라 당달봉사였다. 그가 맹인이 아니었더라면 50년이 지난 지금, 그가 누구인지 기억하지 못할 것이다. 나중에 그가 진전면 오서리에 사는 권오석이라는 얘기를 들었다. 권오석 씨는 나보다 아홉 살이 위다. 내가 고향에 쭉 살았으면 알았을 텐데, 진주에 나가 공부를 하는 바람에 당시에는 그가 누군지 몰랐다.

방 안에는 그와 나 단둘이 마주 앉았다. 재판이라는 것도 없이, 둘이 마주 앉아서 얘기한 것이 재판이고, 그가 내 재판장이었다.

맨 처음 "반탁을 하지 않았느냐"고 물은 기억이 있다. 나는 우익인 학생연맹 소속으로 반탁을 지지하는 쪽이었다. 좌익 학생 단체는 학생동맹이었다. 진주는 좌익 학생들의 활동이 성했다. 나는 특별한 이념이 있어서라기보다, 할아버지가 만석꾼인 집안 환경 때문에 우익 학생 단체에 별 생각없이 가담했다.

그의 질문을 듣고 나는 '학생연맹에 가담한 사실이 알려져 치안대가 나를 끌고 왔구나'하고 불안해졌다. 나는 "반탁을 한 적이 없다."고 했다.

맹인인 그는 이어서 "공산주의에 협력을 하지 않고, 반동을 하지 않았느냐"고 물었다. 나는 "사상과 정치에는 관심이 없다. 나는 문학소년이다."고 대답했다. "문학소년이라면 책을 많이 봤을 것이 아니냐. 어떤 문학을 했느냐"고 하길래, 삼촌과 형님들이 일본에서 가져와서 읽은 30권짜리 세계문학전집의 제목을 줄줄이 얘기했다.

톨스토이, 도스토예프스키, 빅토르 위고, 투르게네프…. 있는 대로 들먹이자 그도 아는 척을 했다. 여러 가지 질문이 20분 이상 계속됐다. 마지막으로 결의서(決議書)를 불러주는 대로 쓰라며, 16절지 한 장과 연필 하나를 줬다.

요지는 '김일성에게 충성을 다하겠다. 미온적인 것을 벗어나 적극적으로 인민공화국에 협력하겠다'는 내용이었다. 그리고는 또 쓸게 있다며 '반동분자인 작은 아버지 변만섭과 작은형 변재권을 내 이름으로 고발한다'는 고발장을 쓰게 했다. 결의서를 쓰고 지장(指章)을 찍고 나서 고방으로 돌아왔다.

권오석에게 신문을 받은 다음날 나는 고방에서 풀려났다. 하지만 허경구씨 집밖을 벗어날 수 없는 가택연금 상태였다. 나는 담배를 구해서 칼로 잘게 썰어 고방에 갇혀 있는 어른들께 드렸다.

연금된 며칠 뒤부터 나는 산 너머 봉암리에 주둔하고 있던 인민군

포대에 끌려가 취사 노무자로 일했다. 인민군이 먹을 밥과 국을 만들었다. 소 다리를 목도로 나르기도 하고, 부녀자들이 만든 떡과 주먹밥도 날랐다.

닷새쯤 일하는데 '인민군 포대가 진동면으로 이동한다'는 얘기가 들렸다. 인민군을 따라가다 보면 가족과 영영 헤어질 것이라는 생각이 들어, 함께 있던 친구와 탈출했다.

탈출해서 나는 구만면에 피란해 있던 가족들에게 돌아갔다. 정자나무 옆 술집에 부엌방이 하나 있었는데, 생솔 연기에 심하게 그을려서 부엌방이 있는지 아무도 몰랐다. 밤에는 그곳에서 지내고, 낮에는 건너편 산의 솔밭에서 지냈다.

9월 초쯤 작은 아버지와 11명이 대방 마을에서 학살당했다는 얘기를 전해 들었다.

좌익들은 총살시킨 사람들을 둘로 나눠 대충 흙으로 덮어 놓았다. 여자들이 경비병들의 감시가 소홀한 틈을 타서 유품으로 시신을 확인해 알아볼 수 있는 자리에 다시 대강 묻었다.

그리고 인민군이 물러나고 추석이 지난 며칠 후 1950년 10월 초 고향으로 돌아와 시신을 수습했다. 그 후 1950년 12월에서 합동 위령제를 지내고 시신을 제대로 모셨다.

• 변재웅 씨 증언

변재웅(卞在雄) 씨는 학살당한 변증섭 씨의 아들이다.

6·25 때 나는 국민학교 4학년이었다. 진전면 양촌리에 살던 우리 가족은 경남 함안군으로 피란을 갔다. 공중으로 불이 날아다니자, 할아버지가 대장 부락으로 가족을 이끌고 피란해, 치안대 본부가 있던 허경구 씨 집에서 우리는 묵었다.

허경구 씨는 우리 변씨와 촌수가 좀 먼 인척(姻戚)이다. 허씨는 좌익도 우익도 아닌 사람이었다. 처남 하나가 좌익을 했다는 얘기는 나중에 들었다. 허씨의 집은 본채가 사랑채보다 약간 높고, 돌담으로 둘러쌓여 있었다. 최근에 대방 마을에 둘러봤는데 다 허물어지고 없었다. 전쟁 당시에는 20여 호가 있었으나, 지금은 11호만 있다고 한다.

우리는 허씨 집 본채에 머물렀고, 사랑채 고방에 사람들이 갇혀 있었다.

아버지(변증섭)도 고방에 갇혀 있다가 학살당했다. 변백섭 면장과는 8촌 간이다.

대방 부락은 꽤 높은 산 골짜기에 위치해 미군이 폭격을 하지 못했다. 미군의 L-19 정찰기가 매일 떴다. 아주 낮게 떠서 우리가 조종사의 얼굴을 볼 정도였다. 정찰기가 왔다 가면 호주기라고 불리던 쌕쌕이가 마을을 폭격했으나, 대방 부락에는 포탄이 떨어지지 않고, 마을 입구만 불바다를 만들었다. 함포 사격도 했는데 마을은 멀쩡했다.

그때 허경구 씨 집 주변을 장님 한 사람이 오갔다. 부인으로 보이는 여자 분이 장님의 손을 잡고 이곳으로 데려오고 데려갔다. 두 사람은 어린 아이가 하나 있었는데 딸인지 아들인지, 두 사람 옆에서 자박자박 잘 걸어 다녔다. 네 살쯤 된 아이 같았다. [권양숙 인 듯]

그 장님 가족이 대방 마을 어디에 살았는지는 모르지만, 대방 부락 안에서는 살았을 것이다. 권오석 씨가 살던 오서리에서 우리가 살던 양촌리까지 10리가 넘는다. 양촌리에서 대방 마을까지 산길로 1km 이상이어서, 장임인 그가 그곳으로 출퇴근을 하지는 못했을 것이다.

그가 장님이 아니었다면, 나 역시 그 사람을 지금까지 기억하지 못하고 있을 것이다. 노무현 씨 가족은 '장님이 뭘 했겠느냐'며 그가 장님이었다는 사실을 내세운다. 우리는 권오석 씨가 장님이었기 때문에 생생하게 그가 학살을 준비하는 현장에 있었음을 기억하고 있다.

그때 "장님인 그가 심사를 한다. 심사할 때 '손을 내놓으라'고 해서, 손바닥에 못이 박여 있으면 가벼운 쪽으로 분류하고, 없으면 엄하게 처벌한다"는 얘기를 들었다.

할아버지께서 "한 3일 있으면 인민재판하러 진주에 간다"고 얘기를 했다. 우리는 아버지가 재판을 받고 돌아올 줄 알았다. 진주에 간다고 속이고 밤에 끌고 가 처형해 버린 것이다.

대방 마을에는 당시 "며칠만 있으면 부산이 점령된다. 부산이 해방되면 남조선이 해방된다"는 얘기가 돌아다녔다. 대방 마을에 있으면서 '적기가', '김일성 장군의 노래'를 배웠다. 마을에서 인민군을 본 기억은 별로 없다. 치안대, 여자 치안대 같은 사람들이 많이 돌아다녔다.

• 변재희 씨 증언

변재희(卞在熙) 씨는 학살당한 변백섭 씨의 아우이다.

나는 6·25 당시 마산상업중학 3학년이었다. 학살당한 변백섭 면장의 조카다. 인민군은 추석 이틀 전 진전면에서 후퇴했다. 전선은 진북과 진전면 사이였다. 진영으로 피난갔다가 11월쯤 고향으로 돌아오니 '장님인 권오석이가 인민위원장이었다'는 얘기가 파다하게 퍼져 있었다.

대방 마을에 끌려갔다 온 사람들이 "권오석이 위에 아무도 없었다. 제일 높았다"고 얘기해서, 우리는 권오석이 군당 인민위원장인 줄 알았다.

당시 인민군은 창원군 남서쪽 끝의 진전면만 차지했다. 나머지 면에서는 치열한 전투가 벌어지고 있었다. 그래서 창원군 인민위원회와 치안대 본부가 궁벽한 대장 마을에 숨어서 활동했다.

권오석은 창원군에서 유일하게 적의 수중에 넘어간 진전면 출신이어서, 대단한 힘을 썼다고 한다. 창원군에서는 인민위원회의 활동이 제일 활발한 곳이 진전면이었기 때문이다.

창원군이 완전 敵 治下였으면, 인민재판도 거창하게 열고, 총살도 하고 했을 텐데, 진전면만 수중에 넣고 있었으므로 좌익들은 우익 인사들을 몰래 산 속으로 끌고 가 살해해 버린 것이다. 당시 진전면에는 인민재판을 해도 봐줄 사람은 얼마 없었다.

중부님이 처형당한 것은 우리 집안이 지주였기 때문이다. 1949년에 토지개혁을 했지만, 그 전에 우리 할아버지는 2천석 추수를 했다고 한다. 전쟁 전에도 빨치산들이 밤에 습격해 곡식을 털어가곤 했다. 제일 큰 아버지(卞仁燮)는 좌익과 빨치산이 죽창과 곡괭이 들고 쳐들어오는 게 겁이 나 전쟁 전에 마산으로 이사를 갔다.

그렇지만 해방 후 민선 면장을 지낸 중부님은 인자한 분이었다. 좌익과 우익이 싸우면 "사람 다치게 해서는 안 된다"고 늘 얘기했다. 다른 사람들이 다 피란을 가도 "좌익정부가 선다고 죄 없는 나를 어떻게 하겠느냐"며 끝까지 피란을 가지 않았다.

처형 대상으로 분류돼 현장까지 끌려갔다가 살아 온 사람이 있었다. 9촌쯤 되는 우리 처족이다. 그가 "숙부님이 총소리가 나기 전에 대한민국 만세를 외치고 처형당했다."며 이런저런 얘기를 해줬다. 우리는 "처형장까지 갔다 온 사람이 어떻게 살아올 수 있느냐"며 그를 불신했다.

그는 "전쟁에도 私가 있다. 그래서 살아왔다"고 설명했지만, 우리는 그를 가까이 하지 않았다. 그 사람은 권오석 씨의 일족이다.

진전면에서는 전쟁 전에도 자생하는 좌익들이 북에서 파견돼 내려온 빨치산들과 손을 잡고 활동을 벌였다. 인민위원회나 치안대는 다 이곳 사람들이 만든 것이다. 전쟁 나고 재빠르게 반동분자들을 잡아들이고 처형했다. 국군에 밀려서 도망가면서 학살을 한 것이 아니라, 자신들의 계획대로 양민을 학살한 것이다. 북한 공산당과 인민군이 내려와서 강제로 시킨 것이 아니라, 자생적인 공산주의자들이 인민군의 힘을 믿고 자기 세상이 왔다고 날뛴 것이다.

• 변경숙 씨 증언

변경숙(卞慶淑) 씨는 학살당한 변백섭 씨의 2녀이다.

아버지의 시신은 형체도 알아 볼 수 없을 정도로 훼손돼 있었다. 아버지의 시신을 수습하고 장례를 지낸 어머니는 일곱 명의 딸과 생후 3개월인 핏덩어리 아들을 돌봐야 했다. 어머니는 당시 40세였다. 부자였던 어머니 친정에서 도움을 주긴 했지만, 우리 집안은 그 후 가난에서 헤어나지 못했다.

일곱 번째 딸인 여동생은 전쟁 통에 굶고 병이 들어 죽었다. 막내 남동생도 비슷한 때에 병이 들었다. 어머니는 아직 핏덩이인 아들을 살리기 위해 쌀 몇 톨이라도 생기면 병든 딸을 굶기고 아들만 먹였다.

어머니가 어디서 점을 봤는데 점쟁이가 "딸이 죽어야 아들이 산다."는 얘기를 했다고 한다. 어머니가 무심결에 한 그 얘기를 앓고 있던 세 살짜리 여동생이 들었다. 동생은 철없이 "엄마 그러면 내가 죽을게"라고 했다. 얼마 후 동생은 죽었다.

돈이 없어 우리 딸들은 국민학교를 겨우 나왔다. 5·16이 난 뒤에야 여섯째 딸만 원호자녀 혜택을 받아 겨우 고등학교를 졸업했다. 다행히 남동생인 외아들은 일류대학을 졸업하고, 국립연구소에서 높은 자리에 있다.

우리 가족은 언제 또 세상이 뒤집어져서 피해를 받을까, 겁을 내며 살았다. 면민들이 아버지의 송덕비를 세울 때 '흉악한 무리들에게 목숨을 잃었다'는 글을 넣으려는 것을 우리 가족들이 빼달라고 했다. 그 글이 문제가 돼 나중에 또 피해를 입을까 겁이 나서였다.

2002년 5월 노무현 측의 변명에 학살당한 변백섭 면장의 조카인 경제학 박사 변재환(卞在煥) 씨가 유가족 대표로 노무현 부부에게 공개편지를 보냈다. 다음은 그 일부이다.

… 권오석씨의 조카라는 사람은 "전혀 앞을 못보는 종숙께서 공산당에게 부역을 했으면 얼마나 했겠습니까? … 공직에 근무하다 하루아침에 두 눈을 실명해 기나긴 하루하루를 살아가는 외로운 종숙은 전쟁이 발발하자 아무도 찾아주지 않는 외로움에, 주·객관이 무시된 채 군당위원회에 부역을 하였으나 이름만 선전부장이지 종숙께서 행한 부역 행태는 우리 모두가 그때 당시를 보지 못했지만 이해가 갈 것이라고 생각됩니다."고 했다.
그 외에도
"완전 실명한 상태에서 어떻게 좌익활동을 할 수 있었겠느냐"
"당시 수사당국은 권씨가 장님이라는 점을 이용, 권씨의 손도장을 마구 찍은 뒤 온갖 죄명을 뒤집어 씌운 것으로 알고 있다"
"눈이 먼 뒤부터 집안에 틀어박혀 외부와 접촉을 끊었는데, 한밤 중에 양민 학살을 감시했다는 게 도대체 상식적으로 말이 되느냐"
"맹인이 학살 현장을 어떻게 감시할 수 있었겠나"
"눈먼 봉사가 좌익을 했으면 얼마나 했겠냐"
등 권오석씨가 시각장애인임을 들어 권씨의 좌익 활동과 범죄 사실을 축소하고 있는 발언들이 많다.
권오석 씨의 아들 권기문 씨마저도 "사고로 눈을 잃었는데 … 그런 상황에서 얼마나 주도적으로 역할을 할 수 있었을까 의문이지만 이를 입증할 방법은 없다"고 말했다.
권오석 씨가 시각장애인임을 부각하는 것은 듣는 사람의 동정도 살 수 있고, 상식적으로 설득력이 있는 발언들이다.

대검찰청의 「좌익사건실록」에 기술된 『학살하는 현장 부근에서 학살을 용이하게 감시하고』라는 표현과, 권오석 씨가 시각장애인이라는 사실이 서로 부합되지 않는다는 '상식'에서 보면 호소력이 더 커진다.

필자도 시각장애인이 「학살을 용이하게 감시」했을 것으로 생각하지 않는다. 그러나 이런 말들을 뒤집어 생각해 보자. 얼마나 철저한 공산주의자였고, 얼마나 적극적으로 활동을 하였기에 시각장애인임에도 불구하고 노동당 선전부장이 되고, 인민위원회 부위원장이 되고, 치안대가 되었겠는가. 눈이 멀쩡한 많은 사람들이 있었는데도 불구하고 유독 시각장애인을 간부로 기용한 사실은 권오석의 좌익사상이 투철하였고 좌익활동에 적극적이었음을 방증하고 있다.

권오석 씨에 의해 학살당한 필자의 중부(仲父) 변백섭 씨가 권씨가 면서기로 일할 당시 면장으로 재임한 사실로 보아 권오석 씨가 바로 직속 상관이었던 사람을 학살한 것이고, 그만큼 극렬한 공산주의자였고 냉혈한이었음을 알 수 있게 한다.

필자가 들은 증언들에 의하면, 시각장애인임에도 불구하고 험준한 산의 비탈에 위치한 오지 마을에서 자행된 인민재판을 주도했고 절대 권력을 행사했다고 한다. 군 단위의 조직, 즉 창원군 노동당, 창원군 인민위원회, 창원군 반동조사위원회 등에서 부위원장을 했다고는 하나 당시 인민군에 의해 점령된 지역은 창원군 면 중 맨 서쪽에 위치한 진전면이 유일하였기 때문에 진전면 출신의 부위원장인 권오석 씨가 실질적으로 최고의 지위에 있었을 것이라는 것을 짐작할 수 있다.

걸어다닐 때는 부인이 인도하였으며, 말은 분명하고 유식하게 했다고 한다. '반동분자'를 심문하고 판별할 때 손바닥을 만져 보고 손바닥이 거칠고 못이 박혀 있으면 노동자 그룹으로, 손이 매끄럽고 부드러우면 부르조아로 분류하였다고 한다.

일제 시대 공무원 시험에 합격해 면서기로 일했을 정도라서, 동료 직원의 증언처럼 '외모도 준수하고 똑똑한 사람'이었기 때문인지는 몰라도 양민을 학살하기로 결정한 인민재판에서 검사·변호사·판사 역할 등 1인 3역을 한 유일한 재판관이었고, 그의 말 한 마디로 양민의 生死를 가름하였다고 한다. "인민군이 '반동분자' 색출작업에 협조하라고 요구하여 어쩔 수 없이 면직원과 경찰의 이름을 알려준 것"이 아니다. 자발적으로 적극적으로 용의주도하게 인민재판을 수행했던 것으로 확신한다.

권오석 씨의 아들 권기문 씨가 "…의문이지만 이를 입증할 방법은 없다"고 말한 것에 대해 분노를 금할 수가 없다.

입증할 방법은 있다. 지금도 생존해 있는 권기문 씨의 어머니가 이를 입증할 수 있다. 권오석 씨가 시각장애인이었기 때문에 권씨의 부인, 즉 권기문 씨의 어머니가 항상 인도하여 다녔다. 그래서 권기문 씨 어머니는 권씨의 일거수 일투족을 봤다. 시각장애인이라도 지팡이로 걸어다니면서 혼자 활동할 수 있었을 것이라고 생각할지 모르나, 권씨가 인민군 치하에서 활동한 장소는 보통 사람도 눈을 똑바로 뜨고 다녀야 할 정도로 길이 험하고 비탈진 곳이라서 안내자 없이 혼자서 지팡이로 다니기는 불가능한 곳이다. 권씨는 당시 실명한 지 5년이 채 안 되었기에 그런 힘한 길을 혼자서 다녔다고 생각되지 않는다.

그래서 지금도 생존해 있는 권오석 씨의 부인, 즉 권기문 씨의 어머니가 권씨의 활동 내용을 이 세상에 누구보다도 잘 알고 있다고 본다. 당시 3세였던 노무현 후보의 부인 권양숙 씨도 아버지가 활동한 현장에 같이 있었다는 증인이 있고, 권오석 씨의 시각장애, 권양숙 씨의 연령 등으로 보아 세 가족이 동거했을 것으로 생각되지만, 권양숙 씨는 세 살 때의 일을 기억할 수 없을 것이다. 그러나 권기문 씨의 어머니는 모른다고 하지 못할 것이다. …

다음은 변백섭 씨의 둘째 딸 변경숙 씨의 글 일부이다. 변경숙 씨는 부친이 잡혀가는 것을 목격한 유일한 자녀이다.

… 그 후 시일이 지나고 인민군들은 후퇴하고 양촌리 집에 와보니 상봉하기를 학수고대하던 아버님은 그들이 말하는 치안대원들의 손에 의하여 처참하게 억울한 죽음을 당하시고, 막내 여동생 현숙이는 피란 중 사망하여 어머니와 우리 6남매만 상봉하게 되었다.
우리 아버님은 가난한 자와 소외된 자를 위하여 봉사하시며 면을 위하고 마을을 위하여 짧은 생애지만 열심히 사신 분이시다. 전답을 팔아가면서 면장의 의무를 다하시니 그때 아버님을 아시는 분들은 말씀하시기를 "卞 면장이 일년만 더 면장하면 사랑채 대문까지도 팔아서 면 일을 볼 것"이라고 말씀하셨다. 그러셨기에 피란 중에도 말씀이 "나는 죄가 없기 때문에 괜찮으니 걱정하지 말라"고 나를 안심시키셨다.
우리 아버님의 죄라고는 좌익에 동조하지 않은 것과 부모님 덕분에 약간의 농토를 소유하고 있은 것이 죄라면 죄일 뿐이다. 아버님의 사후에 들은 이야기지만 그 와중에 총알 앞에서 만세 삼창을 부르시고 총에 맞아 쓰러졌다고 들었다. 총을 얼마나 쏘았는지 얼굴을 알아보지 못하여 옷으로 시신을 찾아 중부님 내외분이 가매장해 놓았다가 그 후 몇 개월 후에 선산에 모시게 되었다.
이 불효 여식 한 많은 세월이 흘러서 결혼하여 살면서 때때로 아버님 생각에 남모르게 많은 눈물을 흘리면서 살아 왔다. 52년이 지나 내 나이 70을 바라보면서 지난 악몽을 다시 드러내게 되니 내 마음은 더 괴롭다.
오직 내가 바랄 것은 정치인들이 부정부패를 버리고 죄 없고 순진한 서민들을 해치지 말고 바른 정치를 하여 백성을 사랑하고 나라를 걱정하는 정치인들이 되었으면 한다. …

네번째 이야기

노무현 합격 수기 분석

네번째 이야기
노무현 합격 수기 분석

1975년 3월 27일 《조간신문》에 17회 사법시험 합격자 명단이 실렸다. 60명의 합격자 가운데 노무현이 있다.

1975년 잡지 《고시계》 7월 호에 노무현의 합격 수기가 실렸다.

【노무현의 합격 수기를 주의하여 읽어보면 황당하기 짝이 없다.
문재인 자서전에 나오는 '고시 공부' 부분 못지않게 어이없다.
이 두 초능력자가 평생을 같이한 이유도 짐작이 간다.
먼저 노무현 합격 수기를 대충 다루어 본다.
합격 수기 내용 전부가 의심스럽지만 중요 부분만 시비를 가린다.】

〈과정도 하나의 직업이었다〉

Ⅰ. 머리에

지나간 일은 언제나 아름답게만 보인다지요? 산꼭대기에서는 힘겹게 올라온 가파른 산길마저도 한 폭의 그림처럼 보이듯이 말입니다. 또 승자의 과거는 그것이 자서전이든 타인의 작품이든 가끔 신화적으로 수식되어 있음을 봅니다.

사법시험의 합격, 이것이 긴 여정에서 하나의 중간 목적지에 불과하지만 하나의 성취와 조그마한 승리로 평가될 수도 있기에, 막상 합격기라는 것을 쓰려 하니 자칫 어떤 승리감에 도취되거나 과거를 돌아보는 낭만적인 기분에 도취되어 힘겹고 괴로웠던 긴 수험 과정의 체험을 스스로 미화시켜 얘기하는 잘못을 범하게 될까 여간 두렵지 않습니다.

그러나 고졸 합격자라는 다소 특이한 제 입장이 독학도들에게 어떤 관심의 대상이 될 수도 있지 않을까 하여, 둔한 솜씨나마 될 수 있는 한 사실대로 기억을 더듬고 그때의 생생한 감정들을 살려서 몇 자 쓰고자 합니다.

II. 동기 - 꿈을 키우던 시절

　나는 경남 진영이라는 읍에서 약 10리나 떨어진 산골 가난한 농가에서 태어났다.

　위로는 형님이 두 분, 큰형님은 부산대학교 법대를 졸업하고 고등고시를 준비하였으나 본래 가난한 살림에 벅찬 대학 공부 때문에 가세는 더욱 기울어 내가 국민학교 3학년 때쯤 끝내 응시도 해보지 못한 채 그만두고 말았다.

　당시 나는 형님을 따라 마을 뒤에 있는 봉하사라는 절에 가서 그곳에서 고시 공부를 하는 형님 친구들의 법이론이나 시국에 대한 토론을 자주 듣곤 했으며 또 형님은 자신의 좌절에서 오는 울적한 심경을 털어놓기를 좋아했던 모양으로 가끔 사뭇 상기된 어조로 나에게 여러 가지 얘기들을 들려주곤 했다.

【큰형 노영현이 부산대 법대를 나왔다고 말하는데, 여러 자료로 볼 때 입학한 것은 확실하다. 졸업했는지 중퇴했는지는 단정할 수 없다. 부산대를 다닌 시기는 알 수 없다. 그저 노무현의 글로 그 시기를 추정해 볼 수밖에 없다.】

　물론 나는 그때의 얘기들이 너무 어려워서 잘 이해되지 않는 것이 많았으나 그들의 엄숙한 표정과 격한 어조의 토론은 만만한 젊음의 패기와 이상을 그리고 격렬한 논쟁의 뒤에 주고받는 소탈한 웃음은 사나이들의 인간미와 호기를 상징하는 것으로 느꼈고, 이것들이 고시학도들의 속성이요 또 그들만이 가지는 특권으로까지 생각했다.

결국 이런 분위기는 나에게 고시를 해보겠다는 막연한 꿈을 갖게 해
주었다. 그러나 살림은 더욱 기울어 둘째 형은 중학교를 2년에서 중
퇴, 부모님의 노동능력은 차츰 줄어 갔고, 내가 중학교 2년이 되는
해에는 마침내 최후의 명줄로 남아있던 조그만 과수원마저 빚에 쪼
들려 처분해야만 했다.

【공식적으로 여러 자료에 나오는 노무현의 초기 약력, 그리고 노
무현 자신의 설명은 다음과 같다.

1946년 9월 1일생
1953년 3월 김해시 진영읍 대창 국민학교에 입학
            (김종대(1956년 4학년 담임교사의 구술 : 첫 수업에 앞자리에 앉
            은 키 작은 학생이 눈에 들어왔다. 학년 내내 학습 태도도 좋았고,
            반에서 인기가 많았다. 학급 임원을 맡아 자습 시간엔 아이들 학
            습 지도도 했으며, 굉장히 부지런했다.)
1959년 2월 대창 국민학교 졸업
            3월 진영 중학교 입학
1960년   중2 때 부모가 과수원 매각
1961년   중학교 3학년 때 5·16 군사혁명을 목격
            6월 1일 진영중학교를 1년 휴학
            (노무현 재단이 작성한 노무현 연보에 나오는 기록. 휴학 사유는
            언급하지 않음.)
1962년 또는 63년 진영중학교 졸업
            (노무현 연보에 따르면 16회 졸업이라고 함. 진영중학교 3학년 때
            부산일보 김지태 사장이 운영하는 부일장학재단 장학생에 선발되
            었다고 함.)

1963년   3월 부산상업고등학교에 입학
             (노무현 스스로 중학교 3학년 때 휴학했다고 말한 적은 없다. 분명한 것은 초등학교를 졸업한 1959년 2월과 부산상고에 입학한 1963년 3월과는 4년 간격이라는 점이다. 이를 설명하려면 중학교를 4년 동안 다녔든지 재수하여 고등학교에 들어갔어야 한다. 중학교 재수를 상정할 수도 있으나 중학교 재수는 아주 드문 일이었고 노무현 스스로 중3 때 5·16 군사혁명이 일어났다고 말하니 1961년에는 중학교 3학년이었다. 따라서 1959년 대창 국민학교를 졸업하고 진영중학교 입학은 틀림없는 사실이다. 2019년 노무현 재단이 발행한 7권짜리 노무현 전집에 나오는 연보에는 중학교 휴학이 없다. 최근에 작성한 연보에 처음으로 1961년에 휴학했다는 말이 나온다. 당시 명문고를 가야 명문대를 갈 수 있다는 믿음에 따라 고교 입시도 치열했다. 부산과 그 인근 지역에서는 부산고와 경남고가 선망의 대상이었다. 노무현이 고등학교 입시에 실패한 일을 숨기느라 중학교 때 휴학했다고 한 듯)
1966년   2월 19일 농협 입사 시험 불합격
             2월 23일 부산상업고등학교 졸업
             2월 삼해공업(어망 제조회사) 입사
             4월 입사 한 달 반 만에 삼해공업 퇴사
             11월 제7회 사법 및 행정요원 예비시험 합격
1968년   3월 8일 육군에 입대
1971년   1월 23일 육군 제1군사령부 제3군단 제12보병사단 제52보병연대 2대대 상병 만기 제대
1973년   1월 권양숙과 결혼
1975년   3월 제17회 사법시험 합격
1976년   노판석 사망(특이하게도 사망연도만 알려짐)
1977년   8월 제7기 사법연수원 수료.
             9월 대전 지방법원 판사로 부임
1978년   5월 부산에서 변호사 개업

50년대에 대학생이 얼마나 희귀했는 지는 누구나 아는 일이다.

집안에 경제력이 좋았던 모양이다. 가세가 기울어 중학교 2학년 때(1960년으로 추정) 과수원을 팔았다고 한다.】

나는 3학년이 되면서 일찌감치 고교진학을 포기하고 5급 공무원 시험을 거쳐 독학으로 고등고시에까지 밀고 나가 보겠다는 결심으로 옛날 형님께서 보시던 누렇게 바랜 "법제대의"와 "헌법의 기초이론(유진오)"을 꺼내 읽기 시작했다.

그러나 그해 10월에는 일자리를 찾아 나갔던 형님께서 돌아와 내가 하는 꼴을 보고 크게 나무라시면서 진학을 권하셨다. 나도 가정 사정을 들어 고집을 부려 보긴 했으나 끝내 강권에 못이겨 부산상고에 장학생으로 들어가게 되었다. 그러나 예순이 넘으신 부모님들의 생활은 아무런 토지의 근거도 없이 자신들의 노동으로 해결하시도록 내버려 둔 채 둘째 형님이 세탁소 직공으로 벌어 내 숙식비를 부담해야 했으니 대학 진학은 아예 엄두도 내어 보지도 못하고 취직반에 들어갔다. 그래도 역시 막연하게나마 길러 오던 고시에의 꿈을 버릴 수는 없었던지 3학년 말 농협에 취직 시험을 치른 후 발표도 나기 전에 65년도 11월호 "고시계"를 한 권 샀다. 고시의 냄새를 알기 위하여.

【노무현은 가세가 기울어 중학교 3학년 때(1961년으로 추정)이 되면서 고교 진학을 포기하고 5급 공무원(현재의 9급 공무원)을 목표로 했다고 한다. 9급 공무원이 되면 고등고시 공부할 생각도 했다고 한다. 그런데 10월(1961년 10월로 추정) 일자리 찾아 집을 나갔던 큰형이 돌아왔고 한다. 대학을 나오고 군대도 해결한 모양인데,

아무 일자리도 못 얻는다?

　좋은 직장은 드물었던 시절, 대졸 실업율이 높았던 시절이기는 하지만 눈을 낮추어 독일 광부로도 지원하던 시절이다.

　부산상고에 장학생으로 들어갔다는 표현에 중학 시절 성적이 우수한 줄로 착각하게 된다. 고교 3학년 말 농협 입사 시험을 치렀다는데, 이는 부산상고 시절 성적이 하위권이었다는 말이다. 성적이 우수한 학생은 은행 시험을 쳤다.】

III. 출범, 그리고 표류

　농협에서의 낙방에 이어 개인회사에 취직했으나 생각보다 급료가 박했고, 근무시간이 많았던 것은 고시로 향한 출범의 결정적 계기가 되었다. 야산 돌밭을 개간하여 심은 고구마와 영세민 취로 사업장에서 내주는 밀가루로 연명하시는 부모님들의 실망을 모른 체하고 직장을 그만두었다. 한달 반의 급료 6천원으로 몇 권의 책을 사고 마을 건너 편 산기슭에 토담집을 손수 지어 "마옥당"이라 이름붙인 후 "사법 및 행정요원 예비시험"을 준비하기 시작했다.

　【1966년 부산상고를 졸업한 노무현은 농협 시험에 떨어지고 어망(漁網)을 만드는 삼해공업이라는 곳을 들어갔다. 저임금, 장시간 노동하는 직장이었다고 노무현은 말한다.

　사법 및 행정요원 시행령에 의한 예비시험은 한마디로 말해 고등고시 응시 자격시험이다. 1963년에 생긴 시험이다. 1972년까지는 대졸 또는 대학 3, 4년 재학생에게만 고등고시 응시 자격을 주었고 고졸 이하는 예시를 쳐서 합격해야 했다. 예비시험의 과목은 모두 10과목으로 정치학, 행정학, 경제원론, 법학개론, 철학 개론, 자연과학 개론, 국사, 문화사, 국어, 외국어(영어, 불어, 독어 가운데 하나)이다. 과락 없이(40점 이하) 평균 60점 이상이면 합격하는 절대평가 시험이다. 대졸 검정고시라 할 수 있다.

1971년 11월 12회 사법 및 행정요원 예비시험이 시행되었고 1972년 10월 30일 대통령 비서실로부터 폐지 공고가 나왔다. 즉 학력에 관계 없이 사법시험 및 행정고시, 외무고시를 칠 수 있게 되었다.】

책값을 벌겠다고 울산 한국비료공장 건설 공사장에 막노동을 하러갔다가 이빨이 3개나 부러지고 턱이 찢어지는 불운을 겪으면서도 용케 11월에는 제7회 예시에 합격하였다. 4개월 정도의 준비로 예시에 합격하는 행운과 함께 이제까지의 나의 처절한 투쟁은 막을 내렸다. 나의 예시 합격에 자극받아 큰형님은 67년에, 둘째 형님은 68년에 각각 5급 공무원 시험에 합격했기 때문이었다.

【노무현은 군대 가기 이전의 삶을 묘사하며 사법시험을 본격 공부하지는 않았으나 늘 그 언저리에 있었던 것으로 기술한다.

1966년 10월 14일 제7회 예시(사법 및 행정요원 예비시험)를 시행한다고 총무처 공고가 나왔다. 원서 접수 기간은 11월 1~11일이었다. 서울, 부산, 대전, 광주에서 원서 접수를 했다. 시험은 11월 20일 치러졌다. 오전 5과목(국어, 국사, 문화사, 철학 개론, 자연과학 개론), 오후 5과목(행정학, 정치학, 법학개론, 경제원론, 외국어)

모두 10과목이었다. 외국어는 영어, 불어, 독어 가운데 선택이었다. 시험시간은 오전 오후 각각 2시간. 과목당 24분 정도이니 문항 수가 20 또는 25이었던 듯. 합격자 발표는 11월 30일이었다. 서울 지역 합격자 132명, 부산 지역 합격자 23명, 대전 지역 합격자 9명, 광주 지역 합격자 7명 등 모두 171명이 합격했다.

노무현의 응시 번호는 214.

상고 졸업생인 아우의 예시 합격에 부산대 법대를 나왔다는 큰형이 자극받아 1967년 5급을(현재의 9급) 공무원 시험 합격했다니 코미디다.】

그러나 67년에는 법률 서적을 살 형편이 못되어 예비시험과목을 새로 공부하고 있다가 68년에는 군에 입대했다.

【이 문장은 의미가 아리송하다. 사법시험에 필요한 많은 법률 서적을 살 형편이 못될 정도라면 생계를 위해 직장을 구해야 할 판. '예비시험과목을 새로 공부하고 있다가'는 이해하기 어려운 구절이다. 예시는 한번 합격하면 계속 고등고시 칠 자격이 유지된다. 아마 속성으로 합격해서 기초를 닦으려 새로 공부했다는 의미인 것 같다.

처음 고등고시 준비하는 사람은 1차 시험 합격을 위해 전념한다. 2차 시험 공부는 1차 합격한 다음의 일. 1967년 1월 22일에는 7회 사법시험 1차 시험이, 1967년 6월 11일에는 8회 사법시험 1차 시험이, 1968년 1월에는 9회 사법시험 1차 시험이 시행되었다. 노무현은 응시가 가능했다. 무현이는 응시하여 불합격했는가? 아니면 공부가 모자란다 싶어 응시를 하지 않고 예비시험 과목 10과목을 다시 정밀히 공부한 것인가?

　이때 4급을(현재의 7급)과 5급을 공무원 시험은 정부 각 부처가 결원이 생기면 공채 시험을 시행했으므로 시험 시기가 일정하지 않았다.

　노무현이 1968년 시행된 5급을 세무직 국가공무원 시험에 응시, 합격한 일을 숨긴다. 필기시험을 친 날(3월 10일), 면접을 본 날(4월 10일)이 모두 군 입대 후이다. 군에서는 군인이 공무원 시험을 치면 휴가를 준다.】

　군에 있는 동안에도 공부를 해 보려고 애썼으나 영어 단어 하나 암기 못하고 3년을 표류하고 말았다.

【이는 영어 어휘가 매우 모자란다는 자백이다. 상고 졸업생, 그 가운데 농협 시험에 떨어질 정도이면 영어 단어가 수백 수준을 넘기 힘들다.】

Ⅳ. 열풍에 돛을 달고 - 그리고 좌초

　71년 제대를 하고 집에 오니 집안 사정은 상당히 호전되어 있었다.

【명확히 제대 시기를 밝히지 않는데 노무현 재단의 자료에 따르면 1월 23일이다. 노무현 합격 수기의 특징은 시기를 애매하게 서술하는 것이다. 이는 문재인도 똑같다. 군 입대 초기 세무직 5급을 공무원 시험을 합격했으니, 제대하고 1971년 2월이나 3월 무렵부터 세

무공무원으로 임용되어 일했을 것이다.】

노무현 자서전 『운명이다』에는 이에 대한 언급이 있다.
1968년 3월 육군에 입대했다. 1971년 초 인제 12사단 '을지부대'에서 육군 상병으로 만기 제대했다. 군대에서도 공부를 하려고 했지만 영어 단어 하나 암기하지 못하고 3년을 보냈다. 제대를 하고 돌아와 보니 집안 사정이 많이 좋아져 있었다. 형님들이 세무 공무원으로 취직해서 돈을 번 덕분이었다.

【집안이 아무리 어려워도 하급 세무 공무원이라도 되면 집안 형편이 좋아지는가 보다. 고액 연봉을 받는 직장인가?

여기서 알아두어야 할 것이 있다.
같은 마을에 사는 권양숙의 부친 권오석이 1971년 1월 8일 마산교도소에서 옥사했다. 권오석은 부모와 처자들의 전향 요구가 강했을 터인데도 전향하지 않았다. 전향을 거부하다가 옥사했으니 북한에서는 혁명 열사로 인정한다.
시신은 창원시 마산합포구 고성터널 근처에 안장되었는데, 노무현이 집권하자 확장 묘역이 조성되고 컨테이너 초소가 설치되었다. 이 과정에서 당시 피해자 유가족들의 항의가 있었다.
권오석의 수감으로 권양숙 일가는 1959년 마산시 진전면에서 김해군 진영읍 봉화 마을로 이주했다. 권양숙이 국민학교 5학년 때였다. 노무현이 나이 차이는 한 살인데 학년은 2년 차이가 난다고 한 것으로 보아 권양숙의 실제 생년은 1947년 인듯하다. 권양숙의 형제자매도 모두 나이가 1년씩 늦게 기재된 듯하다.

4월부터 옛날의 "마옥당(磨玉堂)"을 수리하여 공부를 시작, 5월 2일에 3급 1차에 합격, 그리고 사법시험으로 전환. 처음 법률책을 대하니 다소 흥분되기도 했으나 과연 이 어려운 것을 해낼 수 있을지 더럭 겁부터 났다. 그러나 소설을 읽듯이 마구 읽었다. 생각보다 쉬웠다. 겉만 슬슬 핥으니 그럴 수밖에……. 전 과목을 무질서하게 읽었다. 행정법과 상법이 좀 어려운 듯 했다. 민법을 모르니 그럴 수밖에……. 소송법은 전혀 무슨 말인지 알 수가 없었다. 실체법을 전혀 모르니 그럴 수밖에……. 4개월에 걸쳐 오리무중을 헤매면서 전과목 3회독을 마쳤다.

【1971년 1월 29일 총무처 장관 서일교는 새로운 공무원 채용 방식을 발표했다. 1963~1969년 간 연 30명 정도 뽑던 3급을 행정직 공무원(현재의 5급 공무원) 채용인원을 200명으로 대폭 늘리고, 각 부처마다 뽑던 4급을과 5급을 공무원 채용 시험도 총무처가 일괄하여 정기적으로 시행하기로 했다.

1월 30일 토요일 총무처는 제1회 5급을(현재의 9급) 및 제10회 3급을(현재의 5급) 행정직 국가공무원 공개채용 시험 공고를 냈다. 예정 채용인원은 5급을 공무원이 2,600명, 3급을 공무원이 200명이었다. 원서 접수 기간은 3월 22일~4월 15일 사이였다. 3급을 행정직 공무원 시험은 매년 3천 명 정도 응시하여 30명 정도 뽑았으니 합격률이 1%였다. 채용인원을 200명으로 7배 가까이 늘리니 응시자 수도 몇 배로 늘었다.

상식적으로 노무현은 국가공무원 공개채용 공고가 난 직후인 2월부터 3급을 공무원 시험(행정고시) 공부를 했어야 했다.

　노무현이는 5월 2일 일요일 부산의 경남공업고등학교에서 제10회 3급을 행정직 국가공무원 시험의 1차 시험을 쳤다. 헌법, 민법총칙, 행정법, 영어 4과목이었다. 노무현의 수험번호는 266.

　5월 29일 토요일 제10회 3급을 행정직 국가공무원 1차 합격자 발표가 있었다. 대략 1,100명이 합격했다.

　1971년에는 상반기에 10회 3급을 행정직 국가공무원 시험이 있었고 하반기에 11회 3급을 행정직 국가공무원 시험이 있었다. 각각 100명씩 선발하여 1971년에는 모두 200명을 선발했다.

　3급을 1차 합격은 행정고시 1차 시험 합격했다는 말. 무현이는 세무공무원으로 일하면서 합격한 것이다. 4월부터 공부했다는데, 4월 초순이면 20여 일 공부하고 합격했다는 말. 한 과목당 4~5일 공부한 셈이다. 그것도 퇴근한 후 공부해서! 그리고 무현이가 밝히듯이 '제대 후 공부도 시작하기 전부터 마을 처녀에게 마음을 뺏기기 시작하여 상대방의 단호한 거부에도 불구하고 열을 올리게 되고 8개월에 걸쳐 집요하게 추근거려'라고 했으니, 세무공무원으로 근무하고 퇴근 후에는 마을 처녀 권양숙을 집요하게 추근거렸다는 말이다. 공부할 시간이 과연 있었는가?】

　노무현 사후에 나온, 유시민이 정리한 노무현 자서전 『운명이다』에는 3급을 공무원 1차 시험을 언급한 구절이 있다.

　　"1971년 5월, 경험을 쌓을 목적으로 지금의 행정고시인 3급 공무원
　　1차 시험을 봐서 바로 합격했다."

그러니까 합격 기대는 하지 않고 길게 잡아야 1개월 공부하고 쳤더니 합격했다는 말이다. 행정고시 1차 합격이 너무나 쉬운 것이 아니라면 초능력이란 말로 표현할 수밖에 없다. 이 정도라면 7급 공무원 시험이나 9급 공무원 시험은 며칠 공부하고 합격할 판. 고3 때 열심히 공부한 농협 시험 떨어진 사람이 어디서 초능력이 생겼을까? 영어 어휘가 부족해서 군대에서라도 늘리려 했으나 실패한 무현이. 며칠 새 1만 가까이 영어 어휘를 늘리는 비법이 있을까?

문제가 너무 쉬웠나? 다음은 1971년 5월 시행된 3급 행정직 1차 시험 가운데 헌법, 민법총칙, 행정법이다.

[헌 법]

[問 1]「소련에는 憲法이 없다」할 때의 헌법에 該當하는 것은?
 1. 固有意味의 憲法　　　2. 立憲主義의 意味의 憲法
 3. 實質的 意味의 憲法　　4. 形式的 意味의 憲法
 5. 硬性憲法

[問 2] 自由民主主義의 現實과 가장 관계가 깊은 것은?
 1. 宗敎의 自由　　　　2. 財産의 自由
 3. 職業選擇의 自由　　4. 勤勞三權
 5. 言論 出版의 自由

[問 3] 權力分立의 原則에 위배되는 것은?
 1. 國會의 內閣不信任權　　2. 國會의 內閣에 대한 指示 統制權
 3. 內閣의 國會解散權　　　4. 內閣의 委任立法權
 5. 國會의 違憲法律審査權

[問 4] 國會의 兩院制度와 가장 관계가 먼 것은?
 1. 多數黨의 橫暴禁止　　2. 牽制와 均衡
 3. 議事의 迅速　　　　　4. 聯邦制
 5. 職能代表制

[問 5] 他部의 關與가 認定되지 않은 것은?
 1. 國會의 立法權　　　　　　2. 大統領의 國務委員解任權
 3. 大法院長의 一般法官 任命權　4. 大統領의 赦免權
 5. 國會의 豫算案修正權

[問 6] 憲法이 保障하는 財産權의 내용은
 1. 物權과 債權
 2. 所有權
 3. 私法上 經濟的 價値가 있는 모든 利益
 4. 公·私法上 經濟的 價値가 있는 모든 權利
 5. 모든 權利와 一般的 利益

[問 7] 다음 중 議員內閣制의 政府形態에서 가장 중요한 特性이 되는 것은?
 1. 政府의 法律案 提出權
 2. 國會의 國務委員解任權
 3. 國會議員의 國務委員兼職許容
 4. 國會의 內閣不信任權
 5. 國務委員의 國會出席發言權

[問 8] 우리 憲法上 틀린 것은?
 1. 天然資源의 採取에 대한 特許
 2. 農地小作制의 原則的 禁止
 3. 私營企業의 國有化의 絶對的 禁止
 4. 對外貿易의 規制
 5. 協同組合의 育成

[問 9] 大統領의 權限으로서 틀린 것은?
 1. 大法院 判事인 法官任命權
 2. 法律案의 修正拒否權
 3. 減刑權
 4. 委任命令發表權
 5. 條約의 締結批准權

[問 10] 國家의 本質을 說明함에 있어서 法學上 意味에서의 人格의 概念과 社會現象으로서의 集團의 槪念을 區分하여 이른바 國家에 관한 兩面設을 취하면서 國家法人說을 주장한 者는 누구인가?
1. C. F. Gerber
2. W. E. Albrecht
3. G. Jellinek
4. H. J. Laski
5. H. Kelsen

[問 11] 國家의 本質을 說明함에 있어서 이른바 道德設을 主張하면서 國家를 「倫理的 槪念의 實現이며 客觀的 情神의 最高의 發展段階」라고 주장한 者는?
1. G. W. F. Hegel
2. O. Gierke
3. C. F. Gerber
4. R. M. MacIver
5. H. J. Laski

[問 12] 國會 또는 그 議員의 權限이 아닌 것은?
1. 法律案 提出權
2. 法律案 議決權
3. 豫算案 提出權
4. 豫算案 議決權
5. 改憲案 提出權

[問 13] 國會의 國政監査의 對象이 될 수 없는 것은?
1. 軍用兵作戰의 事後監事
2. 法院의 規則制定
3. 不正選擧의 調査
4. 司法行政
5. 進行중인 犯罪搜査

[問 14] 우리 憲法上 法律과 豫算에 관하여 동일한 것은?
1. 提案權者
2. 議決權者
3. 大統領 拒否權
4. 時間的 效果
5. 形式的 效果

[問 15] 大統領이 國家元首의 地位에서 行하는 색채가 가장 강한 것은?
1. 法律案拒否權　　2. 政黨解散提訴權　　3. 豫算案提出權
4. 監査院長任命權　　5. 赦免權

[問 16] 國會議員의 發言·表決의 免責特權에 관한 다음 記述 중 틀린 것은?
1. 國會議事堂 內에서 行한 議員의 모든 發言은 院外에 있어서 責任이 免除된다.
2. 議事堂 外에서의 國會의 委員會·協議會에서 行한 議員의 職務上의 發言도 院外에 있어서 責任이 免除된다.
3. 여기의 發言이란 반드시 口頭에 의할 필요가 없고 文書 또는 作爲 不作爲에 의한 표명도 포함된다.
4. 私人에 대한 誹謗的인 侮辱을 目的으로 한 것은 免責되지 않는 것이 原則이다.
5. 作爲에 의한 意見의 표명으로서 목적 행위는 免責될 수 없다.

[問 17] 다음 중 옳은 것은?
1. 현행 憲法에는 議事不繼續의 原則을 採擇하고 있다.
2. 國會의 各 委員會는 議員의 議決로써 맡겨진 案件에 관여하는 閉會 중에도 審査할 수 있다.
3. 현행 憲法에는 定期會나 臨時會의 會期를 120일 간으로 限定하고 있다.
4. 大統領은 필요에 응하여 臨時會를 소집할 수 있다.
5. 國會의 定期會는 필요에 의하여 議決로서 延期할 수 있다.

[問 18] 立憲主義의 基本原理에 해당하지 않는 것은?
1. 自由平等主義　　2. 國民自治主義　　3. 民族自決主義
4. 法治主義　　5. 三權分立主義

[問 19] 다음 중 現行法에서 採擇하고 있지 않은 것은?
1. 法律案審議에 있어서의 三讀會制
2. 政府의 法律案提出權
3. 國會의 國務總理와 國務委員 解任建議權
4. 國會議員의 國務委員 兼職 許容
5. 國會의 法律案 審理에 있어서 委員會 中心主義

[問 20] 우리 憲法上 憲法改正을 하지 않고서도 採擇할 수 있는 것은?
1. 特別法院인 行政裁判所 設置
2. 地方自治團體의 種類의 變更
3. 法官의 任期의 延長
4. 懲戒에 의한 法官의 赦免
5. 無所屬 國會議員의 立候補

[問 21] 國會의 權限이 아닌 것은?
1. 國會議員에 대한 彈劾訴追의 議決
2. 豫算案의 審議
3. 法官의 人事制度에 대한 國政監査
4. 豫備費의 支出에 대한 承認
5. 國會議員의 資格審査

[問 21] 國會의 權限이 아닌 것은?
1. 國會議員에 대한 彈劾訴追의 議決
2. 豫算案의 審議
3. 法官의 人事制度에 대한 國政監査
4. 豫備費의 支出에 대한 承認
5. 國會議員의 資格審査

[問 22] 우리 憲法上 公務員의 地位에 관한 다음 記述 중 틀린 것은?
1. 公務員은 國民에 대하여 責任을 진다
2. 公務員의 政治的 中立性은 法律에 의하여 保障된다.
3. 公務員은 特定人에 대한 奉仕者가 될 수 없다.
4. 國民은 公務員의 職務에 관한 責任을 追窮하여 召喚할 수 있다.
5. 公務員이 國民 個個人의 意思에 반하여 執務하는 것은 違憲이 아니다.

[問 23] 우리나라 法院의 法令審査權에 관한 다음 記述 중 옳은 것은?
1. 긴급명령에 대하여는 전혀 심사할 수 없다.
2. 法院은 大法院規則에 대하여는 審査하지 못한다.
3. 法令에 違反된 條例는 個別的 裁判에 있어 그 適用을 拒否할 수 있다.
4. 法律에 違反되는 命令 規則은 추상적 規範統制가 가능하다.
5. 大法院은 國會의 議事規則에 대하여 심사할 수 없다.

[問 24] 身體의 自由에 관한 다음 記述 중 틀린 것은?
1. 모든 國民은 刑의 宣告에 의하지 아니하고는 强制勞役을 당하지 아니한다.
2. 逮捕·拘禁·搜索·訊問을 함에는 令狀이 있어야 한다.
3. 令狀은 檢察官만이 申請할 수 있다.
4. 令狀은 法官이 발부하는 것이
5. 누구든지 逮捕 拘禁을

[問 25] 우리나라 憲法에서 採擇하고 있지 않은 것은?
1. 演藝에 대한 檢問制
2. 例外的인 單審裁判
3. 永久稅主義
4. 一年豫算主義
5. 會期不繼續의 原則

[問 26] 法院에 대한 다음 記述 중 가장 옳은 것은?
1. 裁判의 審理와 判決은 法院의 決定으로 공개하지 아니할 수 있다.
2. 法院의 組織에 있어서 大法院은 반드시 두어야 한다.
3. 裁判에 있어서 三審制를 採擇하지 않으면 違憲이다.
4. 모든 法官의 任期는 10년이며 연임될 수 있다.
5. 法官은 彈劾에 의하여서만

[問 27] 憲法改正의 限界性을 다음 중 憲法改正에 의해서도 할 수 없는 것은?
1. 憲法前文의 字句改定
2. 政黨條項의 削除
3. 複數政黨制의 否認
4. 憲法改正節次에 있어서의 國民投票制의 폐지
5. 大統領中心制의 廢止

[問 28] 다음 중 현 憲法上 明文으로 法律로서 정할 것을 要求하고 있지 않은 것은?
1. 法官의 資格   2. 地方自治團體의 種類
3. 地方議會의 構成時期   4. 違憲判決의 定足數
5. 刑事補償請求

[問 29] 國民의 基本權保障과 가장 관계가 없는 것은?
1. 勞動基準法의 法定
2. 政黨設立의 自由
3. 公務員의 政治的 中立
4. 自由의 證據能力制限
5. 國家에 대한 賠償請求

[問 30] 우리 憲法上 法律案이 法律로서 確立되는 때에 해당되는 것은?
1. 再議決된 法律만이 政府에 移送된 때
2. 政府에 移送된 法律案이 公布된 때
3. 再議決된 法律案에 大統領이 署名
4. 法律案이 再議決된 때
5. 國會에서 一般 議決定足數로 議決된 때

[問 31] 우리나라에서 兩院制를 처음 採擇한 改憲은?
1. 1次 改憲   2. 2次 改憲   3. 3次 改憲
4. 4次 改憲   5. 5次 改憲

[問 32] 다음의 國民의 基本的 義務에 관한 記述 中 近代立憲主義가 成立할 무렵에 있어서 憲法에 國民의 基本權과 더불어 國民의 基本的 義務를 規定하고 있는 理由에 가장 합당한 것은?
1. 國民의 權利를 완전히 履行시키기 위하여
2. 國民의 自由權 保障이라는 消極的 意味에서
3. 國民이 國家構成과 國家運營한다는 積極的 意味에서
4. [統治權의 對象으로서의 國民]의 地位를 명백히하기 위하여
5. 福祉國家의 確立을 위하여

[問 33] 다음 中 軟性憲法의 長點이 되는 것은?
1. 憲法秩序의 安定性을 維持한다.
2. 憲法秩序의 繼續性을 維持한다.
3. 憲法秩序의 變遷性에 따른 伸縮性에의 適合
4. 立憲主義의 固守
5. 政治的 恣意의 排斥

[問 34] 다음 중 國會가 要求하고 있지 않은 것은?
1. 一般赦免
2. 條約의 締結
3. 宣傳布告
4. 大法院判事의 任命
5. 外國軍의 國內 駐屯

[問 35] 男女의 差異에 관하여 다음 중 명백히 憲法違反으로 볼 수 있는 것은?
1. 女子에게만 再婚의 寡居 期間을 두는 것
2. 强姦罪의 主體를 男子로 하는 것
3. 賣春防止를 위해 娼女만을 輔導處分하는 것
4. 女子從業員에 대한 有給生理休暇의 인정
5. 三級公務員試驗에 있어서 男子를 우선적으로 하는 것

[問 36] 다음 중 司法權의 獨立과 가장 關係가 없는 것은?
1. 法官의 選擧制
2. 法院의 違憲法律審査制
3. 法院 豫算의 自主的인 편성 제안
4. 法官의 兼職 禁止
5. 法官의 身分保障

[問 37] 다음 중 國會議員의 在籍過半數의 出席과 出席過半數로써 議決할 수 있는 것은?
1. 大統領의 被選年齡은 50歲로 한다.
2. 法律改正
3. 豫算案의 審議確定權
4. 國軍의 海外派遣에 대한 同意
5. 監査院長 任命에 대한 同意

[問 38] 非常事態에 있어서 憲法上 [國會의 集會가 不可能할 때]를 一要件으로 하여 大統領이 發할 수 있는 것은?
 1. 緊急財政經濟命令   2. 警備戒嚴
 3. 緊急命令   4. 非常戒嚴
 5. 大統領令

[問 39] 다음 중 行政府의 權限에 屬하지 않는 것은?
 1. 豫算案의 編成   2. 憲法改正案의 提出
 3. 條約의 批准   4. 大法院長의 任命
 5. 豫備費의 支出

[問 40] 國會의 在籍議員過半數의 贊成을 必要로 하는 議決은?
 1. 國務總理의 解任建議
 2. 彈劾訴追의 發議
 3. 法律案의 再議決
 4. 大法院長 任命의 同意
 5. 國會議員의 除名

[民法總則]

[問 1] 다음 중 相對方 없는 單獨行爲는?
1. 同意
2. 取消
3. 追認
4. 債務의 免除
5. 財團設立行爲

[問 2] 民法上 胎兒가 이미 출생한 것으로 보는 경우가 있다. 다음 중 틀린 것은?
1. 胎兒의 相續 順位
2. 不法行爲로 인한 損害賠償請求權
3. 債務不履行으로 因한 損害賠償請求權
4. 代襲相續
5. 遺贈

[問 3] 權利能力이 있는 社團의 資産은 누구에게 속하는가?
1. 社員의 合有에 屬한다.
2. 社員의 公有에 屬한다.
3. 社員의 總有에 屬한다.
4. 理事에게 속한다.
5. 出資한 사람에게 屬한다.

[問 4] 다음 중 天然果實이 아닌 것은?
1. 젖소로부터 짜내는 牛乳
2. 양으로부터 잘라내는 羊毛
3. 鑛山에서 캐내는 石炭
4. 집을 빌려주고 받는 집세
5. 果木에서 딴 果實

[問 5] 社團法人의 總會에 관한 다음 記述 중 옳지 않은 것은?
1. 社團法人의 事務는 總會의 決議에 의하는 것이 원칙이다.
2. 社團法人의 通商總會를 每年 一回 以上 理事는 召集하여야 한다.
3. 理事는 臨時總會를 召集할 수 있다.
4. 總社員의 五分의 一 以上으로부터 請求한 때에는 理事는 臨時總會를 召集하여야 한다.
5. 社團法人의 社員은 書面이나 代理人에 의하여 決議權을 行使할 수 있다.

[問 6] 法律行爲의 無效에 관한 다음 記述 중 틀린 것은?
1. 取消할 수 있는 法律行爲를 取消하면 그 效力이 無效인 法律行爲와 그 效果에 있어 전혀 같다.
2. 當事者가 無效임을 알고 追認한 때에는 새로운 法律行爲로 본다.
3. 無效의 效果를 善意의 第三者에게 對抗할 수 없는 경우도 있다.
4. 法律行爲의 一部分이 無效인 때에는 그 全部를 無效로 하는 것이 原則이다.
5. 法律行爲의 無效는 法律行爲의 不成立과 區別한다.

[問 7] 相對方있는 意思表示의 效力發生時期에 관한 다음 記述 중 옳은 것은?
1. 民法의 到達主義의 原則은 隔地者間에서만 適用된다.
2. 相對方 自身에게 手交되어야 하는 것은 아니고 親族, 同居人 등에게 手交되면 그것으로 족하다.
3. 우체통에 투입된 것만으로는 意思表示의 效力이 생기지 않는다.
4. 意思表示의 不着 延着은 의사표시의 相對方의 不利益으로 돌아간다.
5. 일단 發信한 意思表示는 撤回하지 못한다.

[問 8] 다음은 법률행위의 취소에 관한 설명이다. 그중 틀린 것은?
1. 任意代理人은 取消에 관한 代理權이 있어야 取消할 수 있다.
2. 追認이 있으면 取消할 수 없다.

3. 取消는 權利者의 單獨의 意思表示에 의하여 할 수 있다.
4. 無能力者가 法律行爲를 取消한 경우에는 償還義務를 지지 않는다.
5. 取消한 法律行爲는 처음부터 無效인 것으로 본다.

[問 9] 다음 중 法定追認事由가 아닌 것은?
1. 異議를 留保한 債務의 全部 履行
2. 履行의 請求
3. 擔保의 提供
4. 取消할 수 있는 行爲로 取得한 權利의 一部의 讓渡
5. 强制執行

[問 10] 條件附權利에 관한 다음 記述 중 틀린 것은?
1. 停止條件附 賣買契約의 目的物을 故意 또는 過失로 毁滅한 者는 損害賠償責任을 진다.
2. 條件附權利는 일종의 期待權이다.
3. 條件附權利를 侵害하는 處分行爲는 無效로 되지 않는다는 것이 通說이다.
4. 條件附權利는 一般規定에 의하여 擔保로 할 수 있다.
5. 제3자도 條件附權利를 침해할 수 없다.

[問 11] 無權代理에 관한 설명 중 틀린 것은?
1. 單獨行爲의 無權代理는 原則으로 無效이다.
2. 本人이 追認하여도 相對方이 알지 못하면 아무런 效力이 없다.
3. 無權代理人이 本人을 相續하면 無權代理行爲는 有效로 된다.
4. 本人이 無權代理人에 대하여 追認한 경우에 相對方에 대하여는 追認의 효과를 主張하지 못하지만 相對方이 追認이 있었음을 主張하는 것은 무방하다.
5. 無權代理人의 行爲가 本人의 利益이라고 本人이 이를 追認한 때에는 無權代理人의 사무관리가 成立한다.

[問 12] 다음 중 틀린 것은?
 1. 反社會秩序의 法律行爲는 無效이다.
 2. 當事者의 窮迫 輕率 또는 無經驗으로 인하여 현저하게 公正을 잃은 法律行爲는 無效이다.
 3. 眞意 아닌 意思表示는 取消할 수 있다.
 4. 相對方과 通情한 意思表示는 無效이다.
 5. 詐欺나 强迫에 의한 意思表示는 取消할 수 있다.

[問 13] 自己契約과 雙方代理에 관한 記述 중 틀린 것은?
 1. 本人이 미리 自己契約과 雙方代理를 許諾한 때에는 有效하다는 것이 通說이다.
 2. 自己契約과 雙方代理가 되더라도 債務의 履行은 할 수 있다.
 3. 自己契約과 雙方代理는 無權代理行爲이다.
 4. 새로운 利益의 交換이 아닌 行爲는 自己契約과 雙方代理로 되더라도 無效하다는 것이 通說이다.
 5. 期限未到來의 債務의 辨濟도 債務의 履行으로서 할 수 있다는 것이 通說이다.

[問 14] 다음 중 代理權의 消滅事由가 되지 않는 것은?
 1. 本人의 死亡   2. 本人의 禁治産
 3. 代理人의 事望   4. 代理人의 禁治産
 5. 代理人의 破産

[問 15] 다음 중 民法上의 公共福利의 원리와 관계가 희박한 것은?
 1. 信義誠實의 原則   2. 權利濫用禁止의 原則
 3. 反社會秩序行爲禁止의 原則   4. 契約自由의 原則
 5. 無過失責任의 原則

[問 16] 禁治産者에 관한 다음 記述 중 옳은 것은?
1. 禁治産宣告는 一般法院에서 한다.
2. 本人은 어떤 경우에도 禁治産宣告의 請求를 할 수 없다.
3. 禁治産者는 身分上의 行爲를 언제나 할 수 있다.
4. 만 17세에 달한 禁治産者는 意思 能力이 回復된 때에 單獨으로 遺言 行爲를 할 수 있다.
5. 禁治産者의 後見人은 同意權을 갖는다고 解釋하는 것이 通說이다.

[問 17] 法人의 理事에 관한 다음 記述 중 옳지 않은 것은?
1. 法人은 理事를 두어야 한다.
2. 理事가 數人인 경우에는 定款에 다른 規定이 없으면 法人의 事務執行은 理事의 過半數로서 결정한다.
3. 理事는 法人의 事務에 관하여 各自 法人을 代表한다.
4. 理事의 代表權에 관한 制限은 登記를 하지 않고도 第三者에게 對抗할 수 있다.
5. 理事가 그 任務를 懈怠한 때에는 그 理事는 法人에 대하여 連帶하여 賠償責任이 있다.

[問 18] 社團法人의 殘餘財産은 누구에게 歸屬하는가?
1. 類似한 目的을 가진 法人
2. 社員總會의 決議로 지정된 者
3. 國庫
4. 定款으로 정한 者
5. 社員

[問 19] 우리 民法은 法人의 設立에 관하여 다음 중 어떠한 立法主義를 취하고 있는가?
1. 自由放任主義
2. 認可主義
3. 特許主義
4. 準則主義
5. 許可主義

[問 20] 失踪 宣告의 效果에 관한 다음 記述 중 옳은 것은?
 1. 失踪 宣告時에 死亡한 것으로 推定된다.
 2. 失踪 宣告時에 死亡한 것으로 본다.
 3. 失踪 期間 滿了時에 死亡한 것으로 본다.
 4. 失踪 期間 滿了時에 死亡한 것으로 推定된다.
 5. 最後의 消息時에 死亡한 것으로 본다.

[問 21] 社團法人의 解散決議에 관한 다음 기술 중 原則的으로 옳은 것은?
 1. 總社員 四分의 二 以上의 同意가 있어야 한다.
 2. 總社員 四分의 三 以上의 同意가 있어야 한다.
 3. 總社員 三分의 二 以上의 同意가 있어야 한다.
 4. 總社員 五分의 三 以上의 同意가 있어야 한다.
 5. 總社員 五分의 四 以上의 同意가 있어야 한다.

[問 22] 다음 중 틀린 것은?
 1. 任意代理人은 원칙적으로 復任權이 없다.
 2. 法定代理人은 언제나 復任權이 있다.
 3. 復代理人은 代理人의 代理人이다.
 4. 本人이 死亡하면 代理權이 消滅한다.
 5. 未成年者도 代理人이 될 수 있다.

[問 23] 西紀 1950年 7月 25日 午前 6時에 出生한 자는 어느 때에 成年이 되는가?
 1. 西紀 1950年 7月 25日 午前 6時
 2. 西紀 1950年 7月 24日 午後 6時
 3. 西紀 1950年 7月 25日 午後 6時
 4. 西紀 1950年 7月 24日 午前 6時
 5. 西紀 1950年 7月 26日 午前 6時

[問 24] 權利濫用에 관한 다음 기술 중 옳지 않은 것은?
1. 로마법에서는 "자기의 權利를 行使하는 자는 어느 누구도 해하지 아니한다"는 원칙이 인정되고 權利濫用은 예외적인 경우에만 禁止되었다.
2. 權利濫用禁止의 原則은 權利의 社會性·公共性을 토대로 한 것이다.
3. 權利를 行使하지 않는 경우에는 權利濫用의 문제는 생기지 않는다.
4. 權利를 濫用하면 違法한 行爲로서 損害賠償責任이 생기는 수가 있다.
5. 權利의 濫用이 심한 경우에는 그 權利를 박탈당하는 경우도 있다.

[問 25] 다음 중 未成年者가 單獨으로 할 수 없는 것은?
1. 債務辨濟를 받는 行爲
2. 債務免除의 請求에 대한 承諾
3. 未成年者가 他人의 代理人으로서 하는 代理行爲
4. 法定代理人으로부터 許諾을 얻은 營業에 관한 行爲
5. 滿18歲에 달한 者의 婚姻行爲

[問 26] 從物에 관한 다음 記述 중 틀린 것은?
1. 從物은 動産이어야 한다.
2. 從物은 主物의 商用에 供與되는 것이어야 한다.
3. 主物과 從物은 각각 獨立의 物件이다.
4. 主物과 從物의 所有者는 同一人이어야 한다.
5. 從物은 主物에 부속한다고 인정될 정도의 場所的 關係에 있어야 한다.

[問 27] 다음 중 外國人으로서 權利能力 制限을 비교적 받지 않는 것은?
1. 土地所有權
2. 鑛業權
3. 水産業權
4. 外國會社를 設立할 수 있는 權利
5. 公證人이 될 수 있는 權利

[問 28] 行爲能力에 관한 다음 記述 중 옳지 않은 것은?
 1. 行爲能力은 單獨으로, 確定的으로 有效한 法律行爲를 할 수 있는 資格이다.
 2. 行爲能力은 財産上의 行爲를 할 수 있는 능력이라고 보는 것이 通說이다.
 3. 行爲能力에 관한 民法上의 規定은 任意規定이다.
 4. 行爲能力은 責任能力과는 다른 槪念이다.
 5. 行爲能力은 情神能力의 定型化의 顯現이라고 할 수 있다.

[問 29] 未成年者의 法定代理人에 관한 다음 記述 중 옳지 않은 것은?
 1. 法定代理人이 될 수 있는 者는 親權者 또는 後見人이다.
 2. 後見人은 親權者와 똑같은 方法으로 同意權을 行使하여야 한다.
 3. 法定代理人은 未成年者의 勤勞契約을 代理할 수 없다.
 4. 繼母가 代理權을 行使하려면 親族會의 同意를 얻고 해야 한다.
 5. 法定代理人과 未成年者의 利益이 相反되는 行爲에 관하여는 代理權이 制限된다.

[問 30] 無能力者에 관한 다음 記述 중 틀린 것은?
 1. 未成年者도 代理人이 될 수 있다.
 2. 限定治産者에게는 後見人을 둔다.
 3. 禁治産者에게는 後見人을 둔다.
 4. 心神이 薄弱하면 禁治産宣告를 받아야 한다.
 5. 限定治産者의 能力은 未成年者와 같다.

[問 31] 財團法人의 設立登記에 관한 다음 記述 중 옳은 것은?
 1. 成立要件이다.   2. 對抗요건이다
 3. 效力要件이다.   4. 訴訟要件이다.
 5. 許可要件이다.

[問 32] 法人에 관한 다음 記述 중 틀린 것은?
1. 法人에게는 權利能力이 있다.
2. 法人에게는 行爲能力이 있다.
3. 法人에게는 不法行爲能力이 없다.
4. 法人의 行爲는 理事가 행한다.
5. 法人에는 監事를 둘 수 있다.

[問 33] 다음 중 意思의 通知에 해당하는 것은?
1. 代理權을 授與한 뜻의 表示   2. 債務承認
3. 辨濟受領의 拒絶   4. 承諾延着의 通知
5. 社員總會召集의 通知

[問 34] 다음 중 準物權行爲에 해당하는 것은?
1. 賣買契約   2. 抵當權設定契約
3. 死後贈與   4. 債務免除
5. 交換

[問 35] 消滅時效에 관한 다음 기술 중 틀린 것은?
1. 消滅時效의 利益은 미리 拋棄하지 못한다.
2. 消滅時效가 完成되면 權利는 消滅한다고 民法은 規定한다.
3. 消滅時效는 短縮 또는 輕減할 수 있다.
4. 消滅時效는 그 起算日에 遡及하여 效力이 생긴다.
5. 주된 權利의 消滅時效가 完成한 때에는 從屬된 權利에 그 效力이 미친다.

[問 36] 다음 중 法律行爲가 아닌 것은?
1. 更改   2. 相計   3. 免除
4. 辨濟   5. 供託

[問 37] 다음 중 三年間 行使하지 않으면 消滅時效가 完成되는 것은?
1. 扶養料 2. 飮食料 3. 貸席料
4. 下宿料 5. 入場料

[問 38] 取消할 수 있는 行爲의 追認에 관한 다음 記述 중 틀린 것은?
1. 追認은 取消權者가 이를 하여야 한다.
2. 追認은 取消의 原因이 終了한 후에만 해야 하는 것이 原則이다.
3. 追認은 그 行爲가 取消할 수 있는 것임을 알고 해야 한다.
4. 追認方法은 取消에 있어서와 같은 것은 아니다.
5. 追認하면 有效한 行爲로 確定된다.

[問 39] 다음 중 法人의 機關이 아닌 것은?
1. 理事 2. 臨時理事 3. 特別代理人
4. 淸算人 5. 支配人

[問 40] 法源에 대한 다음 記述 중 틀린 것은?
1. 民事에 관해서는 民法, 慣習法, 條理의 順位로 適用된다.
2. 우리 民法은 英美法係이다.
3. 歷史法學波는 慣習法의 優先을 主將한다.
4. 商事에 관해서는 商慣習法이 民法에 優先한다.
5. 法實證主義는 慣習法보다 成文法의 優先을 主將한다.

[行政法]

[問 1] 行政訴訟에 관한 다음 記述 중 타당하지 않은 것은?
1. 特許無效訴訟은 訴願前置主義가 適用되지 않는다.
2. 國家가 被告로 되는 訴訟은 法務部長官을 상대로 提起한다.
3. 行政訴訟에 있어서의 被告는 언제나 一般國民이 된다.
4. 租稅賦課處分에 대한 訴訟은 그 相續人이 提起할 수 있다.
5. 當選無效訴訟은 訴願前置主義가 適用되지 않는다.

[問 2] 一定한 期間內에 着工하지 않으면 이 許可는 그 效力을 상실한다는 條件下에 建築許可를 하는 경우 이것은?
1. 負擔附行政行爲
2. 取消權附行政行爲
3. 解除條件附行政行爲
4. 停止條件附行政行爲
5. 期限附行政行爲

[問 3] 行政行爲의 附款에 대한 다음 記述 중 適當하지 않은 것은?
1. 行政行爲의 效果를 制限하기 위하여 意思表示의 主內容에 附加된 從의 意思表示이다.
2. 附款은 意思表示의 效果를 制限하는 것이므로 準法律行爲的 行政行爲에 附加한다.
3. 法에 특별한 規定이 없는 한 裁量行爲에 붙인다.
4. 條件附公務員의 任用은 法定附款이라 하여 行政廳의 意思에 의한 附款과 區別된다.
5. 內容的 限界를 超越하는 附款은 違法한 附款이다.

[問 4] 行政行爲에 "豪雨期前까지 堤防築造를 하지 않으면 그 效力을 상실한다"는 내용의 附款은?
1. 期限
2. 撤回權의 留保
3. 停止條件
4. 負擔
5. 解除條件

[問 5] 서울 市內의 "맨홀"의 뚜껑이 없어져 夜間에 通行 중인 行人이 負傷한 경우에 損害賠償責任者는?
1. 國務總理
2. 서울特別市
3. 서울特別市長
4. 法務部長官
5. 建設部長官

[問 6] 行政訴訟에 관하여 옳지 않은 것은?
1. 事情判決을 할 수 있다.
2. 원칙적으로 訴願에 대한 裁決書를 받은 날부터 1月 이내에 提起하여야 한다.
3. 원칙적으로 당해 處分의 執行이 停止되지 않는다.
4. 立證責任은 行政行爲의 公定力 때문에 原告에게 있다.
5. 處分廳이 被告가 된다.

[問 7] 特別權力關係에 있어서 그 權力主體는 다음과 같은 權力을 發動할 수 있다. 틀린 것은?
1. 命令權
2. 强制權
3. 懲戒權
4. 課稅權
5. 規則의 制定權

[問 8] 다음 중 公法上의 特別權力關係 成立의 原因이 될 수 없는 것은?
1. 法律
2. 法律에 基한 行政行爲
3. 法律에 의하여 義務지워진 同意
4. 任意의 同意
5. 出生

[問 9] 다음 중 行政行爲의 槪念과 矛盾되지 않은 것은?
1. 立法行爲   2. 公法行爲   3. 統治行爲
4. 私法行爲   5. 事實行爲

[問 10] 다음 중 行政行爲의 瑕疵에 관하여 옳지 않은 것은?
1. 無效와 取消의 두 가지 樣態로 나누는 것이 보통이다.
2. 撤回는 瑕疵에 의한 行爲가 아니다.
3. 行政行爲의 取消는 原處分과 별도의 獨立된 處分이다.
4. 取消되면 언제나 處分時에 遡及하여 效力이 消滅된다.
5. 取消는 處分廳만이 하는 것이 아니다.

[問 11] 다음 중 上級官廳이 下級官廳에 대하여 가지는 權限이 아닌 것은?
1. 訓令權   2. 監視權   3. 協議權
4. 認可權   5. 取消, 停止權

[問 12] 國家公務員의 職務上 不法行爲로 인한 損害賠償에 관하여 옳지 않은 것은?
1. 公務員의 行爲이어야 한다.
2. 職務行爲 여부의 판단은 外形主義에 의한다.
3. 情神上의 損害도 포함된다.
4. 國家가 賠償責任을 진다.
5. 당해 公務員에게 언제나 求償할 수 있다.

[問 13] 다음 중 行政上의 代執行이 不可能한 것은?
1. 違法한 建物의 撤去   2. 宣傳廣告物의 除去
3. 道路妨害物의 除去   4. 健康診斷
5. 淸溪方法의 施行

[問 14] 다음 중 틀린 것은?
1. 日字는 行政行爲가 行해진 日字를 明白히하는 것이므로 그 記載가 없는 것은 無效이다.
2. 閱覽시키지 않은 選擧人名簿에 의한 選擧는 無效이다.
3. 特許出願公告를 거치지 않은 發明特許는 無效이다.
4. 收容할 土地細目의 公告, 通知 없이 행한 土地收用裁決은 無效이다.
5. 滯納處分으로서 財産押留를 할 때 利害關係人의 立會없는 行爲는 無效이다.

[問 15] 다음 중 取消의 原因이 되는 것은?
1. 租稅完納者에 대한 滯納處分行爲
2. 公序良俗에 反하는 行爲
3. 法規가 認定하지 않는 漁業權의 設定行爲
4. 第三者의 所有物에 대한 公賣處分行爲
5. 存在하지 않는 土地에 대한 收容裁決

[問 16] 다음 중 法律行爲的 行政行爲가 아닌 것은?
1. 下命   2. 許可   3. 認可
4. 確認   5. 特許

[問 17] 普通警察官廳으로서 틀린 것은?
1. 內務部長官
2. 서울特別市長
3. 治安局長
4. 道知事
5. 警察暑葬

[問 18] 行政法 중의 意思表示에 관한 다음의 記述 중 틀린 것은?
1. 本人의 意思에 反해서 第三者가 行한 行爲는 無效다.
2. 相對方과 通情한 虛僞의 意思表示는 無效로 한다.
3. 詐欺, 强迫에 의한 意思表示는 原則으로 無效이다.
4. 意思表示는 表意者가 眞意 아님을 알고 난 것이라도 그 效力이 있다.
5. 心神喪失의 狀態에 있어서의 意思表示 또는 抵抗할 수 없는 强制에 의한 意思表示는 無效이다.

[問 19] 다음 중 代理의 例에 속하는 行爲는?
1. 押留財産의 公賣
2. 選擧에서의 當選人決定
3. 私立學校의 設立認可
4. 典當鋪運營의 許可
5. 訴願狀의 受理

[問 20] 다음 중 公法上의 特別權力關係가 아닌 것은?
1. 死刑者의 矯導所利用關係
2. 個人의 國立鐵道利用關係
3. 軍의 服務關係
4. 個人의 市立圖書館利用關係
5. 國立學校學生의 學校利用關係

[問 21] 다음 중 地方議會의 議決行爲의 성질로서 옳은 것은?
1. 公法上의 合同행위
2. 雙方的 行政行爲
3. 公法上의 契約
4. 公法上의 合成行爲
5. 行政行爲

[問 22] 行政行爲가 公益에 違反할 때에는?
1. 無效의 原因
2. 取消의 原因
3. 撤回의 原因
4. 違法으로 取消의 原因
5. 아무런 瑕疵도 없다.

[問 23] 行政行爲의 成立에 瑕疵가 있을지라도 適法性의 推定을 받는 行政行爲의 效力은?
1. 公正力
2. 執行力
3. 拘束性
4. 不可變力
5. 不可爭力

[問 24] 다음의 행정행위 중 附款을 附할 수 있는 것은?
1. 鑛業許可
2. 申請書의 受理
3. 土地細目의 公告
4. 所得稅의 更正決定
5. 證明書의 交付

[問 25] 다음 중 行政法의 規律을 받지 않는 것은?
1. 行政爭訟
2. 國庫的 行政行爲
3. 政上의 强制執行
4. 公法上의 損失補償
5. 財政罰

[問 26] 다음 중 補充行爲에 속하는 것은?
1. 公企業의 特許
2. 租稅滯納處分
3. 下川使用權의 讓渡認可
4. 公務員의 傳任命令
5. 特許處分의 變更

[問 27] 다음의 行政行爲의 瑕疵에 관한 記述 중 타당한 것은?
1. 瑕疵있는 行政行爲란 行政行爲가 根據法規에 適合하지 않은 경우만을 意味하는 것은 아니다.
2. 無效인 行政行爲는 行政行爲의 成立에 瑕疵가 있음에도 不拘하고 正當한 權限이 있는 行政廳 또는 法院이 無效宣言을 할 때까지 有效한 行政行爲로서의 效力을 갖는다.

3. 無效인 行政行爲와 取消할 수 있는 區別標準은 論理的으로 定할 수 밖에 는 없다.
4. 無效인 行政行爲의 取消를 請求하는데 있어도 出訴期間은 制限이 있다.
5. 無效確認을 請求하는데 있어서도 原則的으로 訴願前置主義가 適用된다.

[問 28] 다음 命令的 行爲의 기술 중 타당한 것은?
1. 理容業에 대하여 行政廳이 違法하게 許可함으로써 旣存業者의 利益을 害한 結果 그 旣存業者는 國家에 대하여 損害賠償을 請求할 수 있다.
2. 목욕탕의 營業許可는 對物許可이므로 그 목욕탕의 燒失로 말미암아 그 許可의 效力은 곧 影響을 가져온다.
3. 서울市에서 얻은 運轉免許는 釜山에서는 통용되지 않는 것을 原則으로 한다.
4. 國民醫療法에 의하여 醫師는 國家에 대하여 診療義務를 負擔하고 있으므로 國民은 이를 拒絶당할 때는 그 醫師에게 損害賠償을 請求할 수 있다.
5. 無許可의 建物임을 理由로 이를 知得하고 買受한 者가 그 契約의 無效를 主張하여 그 代金을 請求하는 것은 當然하다.

[問 29] 다음은 許可와 特許의 區別을 설명한 것이다. 타당치 않은 것은?
1. 許可는 法規裁量인데 대하여 特許는 公益裁量行爲에 속한다.
2. 許可와 特許를 받은 者가 모두 權利가 發生하는 점에서는 許可와 特許가 差異가 없다고 할 수 있다.
3. 特許를 받은 者와 國家와의 關係는 原則的으로 法治主義가 排除되는데 대하여 許可를 받은 者와 國家와의 關係는 法治主義 原則이 適用된다.
4. 特許의 對象은 원래는 國家의 獨占에 속하는 것으로 理解하고 許可의 對象은 個人의 自然의 自由에 속하는 것으로 理解한다.
5. 許可는 命令權의 對象인데 대하여 特許는 形成權의 對象이라 할 수 있다.

[問 30] 다음 중 타당한 것은?
1. 서울市는 物品을 A店에서 購入하였다. 이 경우의 法律關係는 一方의 當事者가 公共集團이므로 公法關係를 形成한다.
2. 우리나라에 있어서는 法이 公益을 목적으로 할 때는, 公法 私益을 목적으로 할 때는 私法으로 본다.
3. 電話加入權은 私法上의 權利이므로 電話料金의 徵收는 반드시 私法上의 規定에 의하지 않으면 아니 된다.
4. 現行制度下에서는 行政事件 民事事件 모두가 司法裁判所에 服從하므로 公法과 私法의 區別은 別 意味가 없어졌다고 할 수 있다.
5. 公法과 私法의 區別은 法의 本質 즉 論理的 見解에 의하여서는 區別할 수 없다는 것이 通說이다.

[問 31] 다음의 行政行爲의 撤回에 관한 記述 중 타당한 것은?
1. 새로운 事情의 發生에 의하여 典當鋪 營業의 許可를 取消하였을 경우 이를 取消당한 者는 그 許可의 設立에 瑕疵가 없다 하여 그 取消는 違法이라 主張할 수 있다.
2. 後發의 事由에 의한 取消는 代執行權이 없는 監督廳에 의하여서는 行할 수 없다.
3. 行政行爲는 不可爭力을 發生하므로 말미암아 行政廳이라도 이를 取消變更할 수 없다.
4. 行政處分이 訴訟의 對象이 되었을 경우는 處分廳은 公益上 필요할지라도 이는 取消할 수 없다.
5. 撤回權에는 制限이 있으므로 그 行爲가 비록 公共權利를 害한다 할지라도 이를 撤回할 수 없다.

[問 32] 다음 중 公法上의 契約으로 볼 수 있는 것은?
1. 地方議會의 議決行爲
2. 市·郡 組合의 設立行爲
3. 地方稅인 目的稅의 賦課·徵收
4. 河川管理를 위한 自治團體間의 費用負擔協議
5. 山林組合의 聯合會 結成

[問 33] 다음의 行政罰에 관한 記述 중 타당한 것은?
1. 行政罰은 行政法規의 實效性을 擔保하는 데 있어서는 行政上의 强制執行, 行政上의 卽時强制와 그 目的을 같이 한다고 할 수 있다.
2. 行政罰은 장래에 向하여 義務違反을 除去하기 위한 手段이라 할 수 있다.
3. 過怠料도 行政罰의 一種이므로 刑事訴訟의 節次에 의하여 課하여진다.
4. 國家公務員法의 違反을 理由로 免職處分도 行政罰에 속한다고 할 수 있다.
5. 刑罰과는 달리 行政罰은 特殊性이 인정되므로 罰則의 一般的 定立權이 命令에 委任하는 것이 原則이다.

[問 34] 다음 중 違法한 警察官의 卽時强制에 대한 積極的인 救濟手段이 될 수 없는 것은?
1. 行政爭訟의 提起
2. 職權에 의한 取消停止
3. 行政上의 損害賠償 및 原狀回復
4. 請願
5. 正當防衛

고등고시라고 일컬어지는 모든 시험은 1, 2차 가릴 것 없이 합격이 어렵다. 쉽게 합격했다는 사람은 아무도 없다. 다음은 한 행정고시 합격자의 수기이다.

五轉六起의 辯

鄭 在 龍
- 1946년생, 71年 三級行政職合格
- 경기고, 서울대 法大 卒業

I. Arbeiten, Trinken und Lieben

 M兄으로부터 合格의 消息을 듣고 한 걸음으로 中央廳으로 내달았다. 내 눈으로 確認하고 나니 緊張이 풀리면서 一瞬 모든 意思와 感情이 停止되고 마음이 깊숙이 가라앉는다. 이것을 위해 大學 卒業後 지금까지 苦心하던 일을 생각하니 어이없는 空笑만이 나를 휘감았다.
 大學을 入學하고 나니 家庭形便이 기울어졌으므로 남들과 마찬가지로 나도 Arbeit를 하지 않을 수가 없었다. 여기다가 대학에 들어오자 선배들이 배워준 것이 似而非「大學의 浪漫」이었다. 大學生活의 半은 이른바 Trinken으로 지새우고 나머지를 공부 좀 하면 考試 合格은 저절로 되는 것인 줄 알았다. 여기서부터 大學生活이 잘못되기 始作하였다. Arbeit 할랴 술 마실랴 가끔가다 데이트 할랴 率直히 이야기해서 공부할 時間이 없었다.

二學年이 되자 나도 法大生인지라 圖書館 一隅에 나의 固定席을 定해 놓고 매일 가방으로 하여금 내 자리를 지키게 하고 나는 惡童 몇과 어울려 놀려 다니느라 나의 伴侶이어야 할 사랑하는 가방을 圖書館에서 홀로 자게도 만들곤 했다.

　이렇게 親舊들 몇이서 作黨을 하여 틈틈이 놀다 보니 講義時間에 들어가는 것마저 아까워 圖書館에서 굳게 決心하고 法書를 뒤적거리겠다고 앉아 있으면 例의 몇몇이 또 모이게 되어 아예 學校에 공부하러 나오는지 놀러 나오는 건지 알 수 없는 生活의 連續이었다. 아무튼 2,3學年에는 열심히 놀기 위해 學校에 나왔던 것 같다.

　4學年 5月 드디어 우리 7, 8명의 大學生活의 苦樂을 같이 했던 벗들이 모든 방종한 지금까지의 生活을 淸算하고 올바른 法大生이 되기 위해 마지막으로 大川에 가서 마음을 정리하기로 하였다(勿論 이때도 學校講義時間을 빼먹고서).

　이것이 契機가 되어 그다음부터는 作黨해서 놀더라도 항상 마음 한 구석에는 善을 向한 마음이 도사리고 앉아 牽制役割을 해주었다.

　이러다 보니 어느덧 여름 放學이 닥쳐오고 인생을 등지겠다는 생각이 아니면 무엇인가 하지 않을 수 없었다. 이 여름 放學이 내 一生의 轉起를 마련하는 契機가 되었다.

　H孃의 激勵를 받으며 무더위도 아랑곳없이 法大 圖書館에 꼬박 쳐박혀 外務職試驗準備를 하게 되었던 것이다.

　그래도 그동안 틈틈이 하였던 英語나 獨逸語에는 時間을 節約할 수가 있어 論文科目에 專念할 수가 있어 多幸이었다.

　그러나 그동안 精神的인 安定을 가져다 준 H孃과의 關係가 원만치 못하여짐에 따라 試驗을 目前에 두고 臨戰에 態勢가 흐트러지게 되었다.

　H와의 關係도 整理할 겸 마음의 姿勢를 가다듬기 爲하여 卒業을 얼마 앞둔 겨울 어느 날 삼척에 있는 消源사로 향했다. 모든 것을 훌훌 털어버리고······

II. 方向 設定

　大學入學時부터 司法試驗에 대한 생각은 별로 없었고 外交官이 될 생각을 갖고 法大를 志望하였던 것이나 入學하고 보니 外務職 試驗이 없었으므로 한동안 方向 設定을 못하여 갈팡질팡하였던 것이다. 이것이 緣由가 되어서인지 體系的인 공부를 하지 못하고 남들이 하는 대로 漠然히 司試를 하겠다는 생각으로 法律 공부를 하게 되었던 것이다. 그러한 애매한 姿勢로는 結局 4學年이 될 때까지 아무 것도 하지 못하게 되었던 것이다.

　卒業을 1年 앞둔 4學年 3月 初인가 外務職 試驗이 다시 復活되고 M兄의 勸誘가 外交官에 대한 나의 執念을 굳게 하였다. 이때부터 그 동안 조금씩 보아 오던 法律書는 미련을 간작한 채 冊床 한 귀퉁이에서 빛을 잃게 되었다.

　外務職으로 方向을 決定하고 나니 마음은 安定을 찾게 되었고 晚時之歎感은 있지만, 白紙인 狀態에서 最善을 다하기로 하였다. 이때부터 지금까지 三年間 나의 受驗生活이 始作되었던 것이다.

　지금 돌이켜보면 좀 더 일찍이 方向 設定을 했더라면 ··· 하는 아쉬움이 있지만 늦은대로 매우 多幸한 일이었다는 생각이 든다.

III. 外務職에 失敗

4學年 初부터 始作한 外務職 試驗準備는 卒業後 五月까지 거의 1年이라는 期間을 그래도 誠實히 하여서 그런지 어느 程度 自信을 찾을 수가 있었다.

1次를 끝내고 2次까지 한 달 동안 내 나름대로 總整理를 대충 할 수 있었고 無難히 2次를 치를 수가 있었다. 不安한 대로 웬만큼 期待를 걸었지만 結果는 쓴 落榜의 苦杯를 마시게 되었다.

大學入學 後 처음 치는 試驗이었고, 웬만큼 期待를 갖고 있어서 그랬는지 意外로 衝擊이 컸었다. 마침 그때 三級 行政職試驗이 석달인가 앞에 있었기 때문에 親舊들의 忠告도 있고 하여 無理라고 생각하면서도 응시하기로 마음 먹고 Y兄과 奉國寺에 들어갔다.

課目을 더하여야 한다는 負擔이 있었지만 奉國寺 2個月間 熱心히 하고 應試하였으나 첫날 行政法에서 完全히 잡치고 나니 나머지 課目은 別 意欲 없이 參加하는 것으로 滿足할 수 밖에 없었다. 結果는 豫想데로였다.

이때부터 나도 남의 일같이 보아 오던 만년 受驗生의 隊列에 끼어 不安하고 쫓기는 灰色의 生活을 하게 되었다.

行政職에 失敗하고 난 後 곧 外務職이 다시 있다는 이야기를 듣고 準備를 始作하였다. 한번 經驗도 있고 하여 比較的 치밀한 計劃下에 必勝을 다짐하며 공부를 할 수 있었다.

Y兄이 外務職 成績을 알려 주었다. 平均 59.4이고 獨語와 外交史가 나란히 53이고 나머지는 60점을 넘었고 特히 가장 念慮하던 經濟學이 66.3이었다. 이에 自信을 얻어 學院을 쫓아다니며 獨語를 補完하

여 약 3個月間 總整理를 하고 그 이듬해 外務職에 應試하였다. 이번에는 되겠지 하며 大學院에 들어가기로 마음먹고 入學試驗까지 치루었는데 몇 日 後의 外務職 合格者 名單에는 나의 이름은 없었다.

父母님과 親舊들 볼 낯이 없었다. 敗因을 가만히 分析해보니 行政職을 應試한 것이 잘못이었고 이에 따라 外務職의 要諦인 英語와 獨語의 實力을 充分히 기를 수 없었던 것이라고 判斷되었다. 成績을 알아보니 평균 58.2 自信을 가졌던 經濟學이 의외로 나빴고 거기에다 처음과 마찬가지로 獨語와 外交史가 좋지 않았다. 이렇게 되니 속 편하게 外交官은 나와는 인연이 없는 것이라고 생각하고 이 試驗을 끝으로 外務職에는 安寧을 告해 버렸다.

Ⅳ. 苦難의 해

大學院에 籍을 두고 집의 눈치를 보면서 浪人 生活을 하자니 가장 만나고 싶지 않은 사람이 高校同窓과 나에게 期待를 걸던 親戚들이었다.

공부를 해도 별로 의욕도 생기지 않고 팔자타령만 하게 되었다. 그나마 같이 受驗生活을 하는 親舊들을 만나서 소주 한잔 기울이며 로맨틱(?)하기만 했던 大學生活을 回想하고 呵呵大笑하는 것이 유일한 樂이었다.

그동안 잠잠하게만 있던 軍隊에 對한 問題가 나를 괴롭히기 始作했다. 그러나 多幸인지 한번 더 기회를 주겠다는 뜻인지 入營 令狀이 年末로 나와 있었다.

이럭 저럭 공부를 하는 사이에 가을에 三級行政職試驗을 應試하게 되었다. 이때는 比較的 오랜 期間을 準備할 수 있었기 때문에 마음은 來日에 부풀어 있었다. 餘裕있게 試驗을 치고 C兄과 旅行을 떠났다. 輕率하게도 이번에는 틀림없겠지 하는 마음이 있었다. 一週日 동안 氣分을 내고 돌아와 發表를 보니 7人의 合格者 名單에는 내가 아는 사람이라고는 나 自身을 包含하여 한 사람도 보이지 않았다. 꿈꾸는 것 같을 程度로 完全히 妄想에 빠져 있었다. 中央廳 게시판은 나에게는 痛哭의 壁이 될 수 밖에 없었던 모양이다.

行政學이 남들에게 뒤질세라 科落이었다. 發表가 나던 다음날 새벽에 家親께서 自動車 事故로 入院하시게 되었다. 철들고 처음으로 뜨거운 눈물을 흘려 보았다. 게다가 1個月 앞으로 令狀은 나와 있었다. 生活에 대한 威脅과 암담할 내 人生을 그려볼 수가 있었다. 모든 것이 끝났다고 생각할 수 밖에 없었다. 自暴自棄가 되어 入營할 생각이었다. 그리고 3年 뒤에 平凡하나 幸福한(?) 小市民의 生活을 그려 보았다.

이렇게 작정하고 나니 마음은 오히려 淡淡해지고 自身을 합리화시키려 들었다. 이러한 狀況에서 N兄의 간곡한 助言과 집안에 대한 責任感 等이 일단 令狀을 延期시켜 놓고 職場을 갖기로 마음먹게 하였다. 그리고 다시 한번 機會를 갖기로……. H火藥에 就職을 하였으나 出勤 및 日 前에 大學院에서 指導敎授이신 L敎授님의 推薦으로 P硏究所로 籍을 옮기게 되었다.

硏究所인지라 比較的 自由스러웠고 國際法을 맡고 있었으므로 試驗準備에 어느 程度 다른 職場보다는 도움이 되었다. 틈틈히 退勤後 冊을 잡았지만 뜻대로 잘 되지는 않았다. 그저 運에 맡기고 그 동안 해놓은 공부나 잊지 않도록 조금씩 整理하는 程度였다.

V. 運命의 女神이 微笑짓다.

마침 硏究所에서 내가 맡은 일이 國際法이라 大學院을 竝行시켜 나가는 데 도움이 되었고 職場을 갖고 있으니 마음은 相當히 安定을 찾을 수가 있었다.

軍隊는 大學院 在學中이었으므로 卒業時까지 延期될 수 있었고 따라서 조금씩이나마 공부를 하면 되었던 것이다. 겨우 昨年까지 해놓은 것을 대충 훑어보고 應試하게 되었다. 세 課目을 새로 해야 했지만 그렇게 큰 負擔은 되지 않았다. 課落만 免하면 웬만큼 自信을 갖을 수 있을 것 같았다.

1週日에 걸쳐 平凡한대로 試驗을 치르고 나니 기분은 홀가분하였다. 昨年까지 해놓은 것이 比較的 整理가 잘 되어 있었기 때문에 큰 도움이 되었던 것 같았다.

參考로 이번에 내가 擇했던 科目과 基本書를 밝혀보면 다음과 같다.

憲法은 韓國憲法(文鴻柱)을 基本書로 하고 問題集(朴一慶)으로 補充하면서 주로 全體的인 體系와 基本情神에 關心을 갖고 보았다.

行政法은 行政法學(金道昶)으로 뼈대를 세우고 問題集으로 整理를 하였는데 웬만한 內容은 暗記하였다.

行政學은 學校에서 講義를 充實히 듣지 못하였기 때문에 가장 애를 먹었다. 行政學原論(金圭定著와 朴文玉著) 二卷으로 윤곽을 把握하고 行政學大意(朴文玉著)로 整理하면서 雜誌에 실린 論文으로 不足한 것을 補充하였다.

經濟學은 經濟原論(金潤煥)을 主된 基本書로 하고 貨幣金融論(李承潤) 國際經濟(李相球) 韓國經濟論(李滿基) 等을 精讀하였다. 國際經濟

는 外務職試驗에서 選擇科目으로 比較的 整理가 웬만큼 되었기 때문에 이번 試驗의 境遇 도움이 많이 되었다.

法大出身들에게는 時事的인 問題에 對備를 爲해서나 Economic mind를 갖도록 經濟新聞을 가끔 보는 것이 좋을 것 같다.

財政學은 裵福石 敎授의 著書와 金命潤 著 財政學 2卷으로 相互補完하면서 보았는데 經濟學 實力이 웬만큼 있으면 別로 힘들 것 같지 않을 것 같다.

나는 選擇科目으로 國際法과 社會政策을 하였는데 國際法은 大學院에서 專功科目이라 그런지 제일 無難한 科目이었다. 國際法學(李漢基)을 基本書로 하였으며 崔載勳과 鄭章雲 共著 國際法學이 最近의 資料를 싣고 있어 補充하였다.

社會政策은 白昌錫 敎授 것을 보았고 時事性 있는 것은 新聞, 雜誌를 보고 補充하였다. 大體로 基本書의 內容은 비슷하므로 自己의 취향에 따라 選擇하여 계속 보는 것이 좋은 것 같다.

나는 主로 基本書로 體系를 세우고 不足한 部分이나 整理하기 困難한 것은 Subnote를 作成함으로써 時間을 節約할 수 있었다. 그리고 完全히 理解가 되면 暗記하여 答案에 그대로 옮겨 놓도록 하였다. 이렇게 공부는 했지만 아직도 確信 비슷하게 갖고 있는 생각은 처음 치는 試驗에서 제일 自己의 實力이 最大限으로 發揮한다는 점이다. 다른 사람은 어떤지 모르나 나의 경우는 그랬었던 것 같다.

VI. 맺음

合格의 消息을 듣고 이제는 試驗 때문에 생겼고 그동안 나를 어지 간히도 우울하게 하였던 complex가 解消됐다는 것이 多幸스럽기만 하다.

法大生은 試驗을 치지 않으면 모를까 일단 試驗에 발을 들여 놓으면 합격할 때까지는 이 complex가 恒常 마음 한 구석에 도사리고 있는 것 같다.

三級試驗이나 司法試驗은 단지 職業을 擇하기 爲한 手段에 지나지 않으므로 그 自體로 意味가 있다면 自己生活을 爲하여 젊었을 때 誠實할 수 있다는 것 以上은 없는 것이라고 생각한다.

그동안 어려운 살림에도 受驗準備를 하는데 모든 것을 희생하신 父母님 그리고 누님 동생에게 感謝드리며 무더위에도 受驗準備에 沒頭하고 있는 法大親舊 그리고 C형 L兄 벗들께 그동안 激勵에 感謝드린다.

지금 受驗準備를 하고 있는 여러분께 좋은 成果가 곧 있기를 빌며 頭序없는 글을 이만 줄인다.

이 수기의 필자는 3학년 여름방학 때부터 막연히 사법시험 준비하다가 4학년 초에 외무고시 공부를 시작했다. 졸업 후 처음 쳐서 1차 시험을 합격했고 2차 시험은 떨어졌다. 그리고 3개월 정도 행정고시 공부하고 1차 시험을 쳤으나 낙방. 34개월 군대 생활 동안 영단어 하나 외울 시간이 없었던 무현이는 제대하자마자 한 달 공부하고 행정고시 1차 시험 합격! 무현이의 초능력이 얼마나 놀라운가.

그런데 무현이는 왜 행정고시 2차 시험을 치지 않고 사법시험으로 바꿀까? 행정고시 1차 합격하고 2차를 치지 않고 사법시험 합격으로 목표를 바꾼 사람이 또 있을까? 노력이 아까울 텐데. 그러나 거져 합격했으면 아까울 것도 없다.

"사법고시로 목표를 바꾸어 법률 서적을 읽어 보았으나 전혀 이해하지 못했다"고 자백한다. 법률 서적은 법학 강의 한번 듣지 않고 '완벽한 독학'으로 이해할 수 있는 것이 아니다.

고시계를 66년도부터 소급해서 샀다. 그러나 합격기말고는 아무 것도 읽을 수 없었다. 그동안의 체험과 고시계 합격기에서 읽은 것을 정리하여 얻은 것은 책을 읽는 순서 정도였다. 이리하여 민법을 먼저 읽고 소송법에 들어간다는 순서를 정하여 9월부터 시작했다. 새로 읽으니 과거의 3회독은 간 곳 없고 전혀 새로 읽는 기분이었다. 그러는 중 10월에 14회 공고가 났다.

외면하려 했으나 자꾸만 들떴고 마침내는 고시 사상 최단기 기록을 목표로 하여 무작정 덤볐다. 문제집을 샀다.

【'9월부터 시작했다'는 말은 1971년 9월부터 본격적으로 사법시험 공부 시작했다는 말! 아마 1971년 9월 세무공무원 직을 그만둔 것 같다. 1971년 10월 2일자 《서울신문》에 제14회 사법시험 시행 공고가 났다.

응시원서 교부 및 접수 기간은 1971년 12월 17일에서 23일 사이로 7일간이었다.

어떤 고시생도 합격만 바랄 뿐 수석합격이니 최단기 합격 같은 목표는 세우지 않는다.

 농협 입사 시험마저 떨어진, 초중고 시절 단 한번도 우등생 소리 못 들었던 무현이가, 법률 서적 읽어도 이해를 못하는 무현이가 이리도 자신만만한 이유는? 초능력을 과신한 때문인 듯. 최단기 합격은 처음 치는 14회 사법시험 1, 2차 시험을 모두 합격하여 사법시험 공부한 지 1년 안에 합격하겠다는 말.】

 1차의 합격은 나의 이러한 만용을 더욱 부채질했다.
 【사법시험 1차 시험 합격도 행정고시 1차 시험 합격처럼 지나가는 말로 대충 얼버무린다. 시험 친 시기도 밝히지 않는다.
 14회 사법시험 1차 시험일은 1972년 1월 11일이었다(처음 공고는 1월 18일이었으나 1주일 앞당겨짐). 부산시 인사과에 원서 접수한 이들은 부산의 중앙여자중학교에서 시험을 쳤다. 무현이 말로 71년 9월부터 본격적으로 공부했다고 하니 4개월 정도 공부하고 사법시험 1차에 합격한 것이다.
 14회 사법시험의 1차 시험과목은 필수 3과목(헌법, 민법, 형법)과 선택 3과목 등 모두 6과목이었다. 제1 선택과목은 국제법, 국제사법, 사회법, 형사정책(행정법 포함) 가운데 선택. 제2 선택과목은 정치학, 경제원론, 심리학, 법철학 가운데 선택. 제3 선택과목은 외국어(영어, 불어, 독일어, 일본어, 중국어) 가운데 하나 선택. 과목당 40문제, 5지 선다형이다. 오전에 필수 3과목, 오후에 선택 3과목으로 하루에 쳤다.

 무현이는 선택과목에서 고민이 많았을 텐데 단 한 마디도 말하지 않는다. 외국어 가운데 영어를 선택했을까?

무현이가 1차 시험공부를 했다고 가정하면, 과목당 20일도 채 공부하지 않았는데도 합격. 대단한 초능력!

그런데 무현이 사후에 나온, 유시민이 정리한 노무현 자서전 『운명이다』에는 이런 구절이 있다.

"사법고시도 그해 10월 시험을 쳤는데 너무나 쉽게 1차를 통과했다. 만용이 발동해서 최단기 고시 합격이라는 터무니없는 목표를 세웠다."

'그해 10월'은 1971년 10월을 말한다. 14회 사법시험 1차는 1972년 1월에 있었다. 한겨울에 쳤던 시험을 연도마저 틀린 가을 10월로 기억한다. 처음 사법시험 1차를 쳤으면 선명하게 기억에 남을 것 같은 데 왜 이런 착오가 생겼을까? 전혀 힘들이지 않고 너무나 쉽게 합격해서인가?

'너무나 쉽게' 합격했다는 말은 그다지 공부하지 않고 합격했다는 말이다. 대학 입시건 공무원 시험이건 제대로 공부해 본 사람이라면 쉽게 합격한다는 것이 불가능함을 안다.

14회 사법시험 원서 접수자는 3,514명인데 1차 시험 불참자 및 응시 도중 포기자가 237명으로 실제로는 3,215명이 시험을 쳤다.

1차 합격자는 577명.

대학별 합격자 수는 다음과 같다. 괄호 안은 577명의 1차 합격자에서 각 학교가 차지하는 비율이다.

서울대 : 790명이 응시하여 306명 합격 (52.79%)
고려대 : 525명이 응시하여 84명 합격 (14.55%)
연세대 : 154명이 응시하여 12명 합격 (2.83%)
성균관대 : 219명이 응시하여 34명 합격 (4.48%)
경희대 : 165명이 응시하여 27명 합격 (4.68%)
한양대 : 32명이 응시하여 1명 합격 (0.17%)
단국대 : 42명이 응시하여 1명 합격 (0.17%)
동국대 : 114명이 응시하여 8명 합격 (1.38%)
중앙대 : 98명이 응시하여 9명 합격 (1.56%)
건국대 : 89명이 응시하여 5명 합격 (0.86%)
국민대 : 74명이 응시하여 4명 합격 (0.68%)
영남대 : 92명이 응시하여 7명 합격 (1.21%)
경북대 : 72명이 응시하여 8명 합격 (1.38%)
부산대 : 120명이 응시하여 12명 합격 (2.83%)
전남대 : 68명이 응시하여 11명 합격 (1.99%)
전북대 : 55명이 응시하여 3명 합격 (0.51%)
동아대 : 105명이 응시하여 6명 합격 (1.41%)
국제대 : 19명이 응시하여 1명 합격 (0.17%)
조선대 : 107명이 응시하여 5명 합격 (0.86%)
제주대 : 13명이 응시하여 1명 합격 (0.17%)
원광대 : 19명이 응시하여 1명 합격 (0.17%)
이화여대 : 15명이 응시하여 2명 합격 (0.34%)
숭전대 : 16명이 응시하여 2명 합격 (0.34%)
청주대 : 11명이 응시하여 2명 합격 (0.34%)

마산대 : 17명이 응시하여 1명 합격 (0.17%)

원주대 : 8명이 응시하여 1명 합격 (0.17%)

명지대 : 11명이 응시하여 합격자 없음

외국어대 : 13명이 응시하여 합격자 없음

홍익대 : 5명이 응시하여 합격자 없음

충남대 : 27명이 응시하여 합격자 없음

춘천대 : 5명이 응시하여 합격자 없음

서강대 : 1명이 응시하여 합격자 없음

전주 영생대 : 3명이 응시하여 합격자 없음

육군사관학교 : 7명이 응시하여 합격자 없음

해군사관학교 : 2명이 응시하여 합격자 없음

예비시험 합격자 : 356명이 응시하여 21명 합격 (3.55%)

14회 사법시험 1차 시험 가운데 영어는 다음과 같다.

※ Read the following the short story and answer the questions.

Rip Van Winkle lived in a village at the foot of the Catskill Mountains. This was in the old days when the country was still a province of Great Britain. It was an old village built by Dutch colonists during the government of Peter Stuyvesant. Some of the houses of the original settlers were still standing……houses built of yellow bricks brought from Holland.

Rip was a friendly man. He was a kind neighbor and an obedient hen-pecked husband. Since he was a favorite among all the good wives of the village, they took his part in all family arguments and blamed the family difficulties on Mrs. Van Winkle. The children of the village liked him too. He taught them games, ade them playthings, and amused them with stories. No dog in the neighborhood ever barked at him.

Rip's great fault was his extreme dislike of all kinds of profitable work. This does not mean that he was lazy, for he would sit on a wet rock all day holding a heavy fishing rod, even without catching a single fish; or he would carry his gun

for hours through the forest and swamp, up and down the hills, in order to shoot a few squirrels or wild pigeons. He never refused to help a neighbor with the most difficult kind of work, such as building one fences. The women of the village employed him too for little bits of work their husbands would not do for them. Rip was ready to attend to anybody's business but his own; he found it impossible to do his family duty and keep his farm in order.

He said it was useless to work on his farm; it was the most worthless piece of land in the whole country; everything about it was wrong or would go wrong in spite of him. His fences were continually falling to pieces; his cow continually wandered away; weeds were sure to grow quicker in his fields than anywhere else; and rain always came the moment he had some outdoor work to do.

So his farm went from bad to worse; it was in the worst condition of all the farms in the neighborhood.

His children wore old, torn clothes and received little care.

Thus his son Rip inherited the idle habits along with the old clothes of his father.

* Choose the correct one which best completes the sentences (Q 1~2)

[1] Rip Van Winkle's farm was _____.
  1. in good condition
  2. in better condition than most farms in the neighborhood
  3. in the worst condition of all the farms in the neighborhood
  4. improving little by little, but steadily
  5. getting worse

[2] The women of the village _____.
  1. threw stones at Rip   2. employed Rip
  3. disliked Rip

4. liked Rip, but didn't employ him

5. deeply respected him

* Choose the most similar word or phrase which best fits the top word. (Q 3~5)

[3] Swamp.
    1. soft, wet land   2. mountainous woodland
    3. large, flat rocks   4. desert
    5. lake

[4] Squirrel
    1. a kind of bird   2. a kind of animal
    3. a kind of fish   4. a kind of tree
    5. a kind of flower

[5] inherit
    1. lose something   2. give something
    3. learn something   4. receive something
    5. donate something

* Choose the word or phrase that best fills in each of the blanks, and also choose the correct answers (Q 6~10)

The tendency to seek one's own advantage, which is a biological necessity for the (6) of the individual, has been augmented by human rationality and modern technology. In the primitive life of the human race, egocentrism was satisfied easily; but not, with the endless offerings of modern civilization, it is (8). Primitive man may have raised a fist in a gesture of aggression in order to secure a fish from a another human being; but today civilized man brandishes the atom bomb, capable of the (9) entire earth, in order to secure comforts of life far beyond his biological needs.

[6]
   1. struggle   2. survival   3. need
   4. quality   5. greatness

[7] it indicates :
   1. primitive life   2. human race
   3. modern civilization   4. egocentrism
   5. human rationality

[8]
   1. unsatisfactory   2. unable   3. unnecessary
   4. insatiable   5. different

[9]
   1. unifying   2. devastating 3. consolidating
   4. pacifying   5. constructing

[10] The above passage says in effect that :
   1. Modern technology contributed to bringing peace to the world.
   2. Human rationality increased human self-centeredness.
   3. Modern civilization took away many of the traces of the primitive man.
   4. Rational life ensures peaceful life for human beings.
   5. The dangers of the atom bomb are unimaginably great.

* Read the following and choose the item that best completes the sentence. (Q 11~14)

One day he came to lunch with me. The pres discovered that he was coming and "Paris-Match", an illustrated weekly with an enormous circulation, rang up from Paris to say that they were sending their best photographer to take pictures of him and me. I told them that I was sure Sir Winston would resent it and refused to let them enter my property. When, while we were waiting for luncheon to be announced, I told Winston what I had done, he was not so pleased as I had expected him to be. <u>I venture the suggestion that when you are used to publicity you feel slightly lost without it.</u>

[11] "Paris-Match" is _____ .
   1. the name of a person   2. a book
   3. the name of a place   4. an industrial product
   5. a periodical

[12] Sir Winston _____ .

   1. appreciated my arrangement

   2. rather resented my arrangement

   3. was indifferent to my arrangement

   4. took pictures with me

   5. refused to let them enter my property

[13] Winston was displeased when I told him that _____ .

   1. we had to wait for a while for the luncheon to be announced.

   2. I kept the pressmen from coming into my grounds.

   3. "Paris-Match" was sending their best photographer.

   4. They were trying to take pictures of him and me.

   5. they had refused to come and take pictures of him and me.

[14] The underlined part may be rewritten as _____ .

   1. You may think that publicity is rather unnecessary when you have lost it.

   2. I suggest that you feel slighted by publicity.

   3. It is a venture to suggest that people are used to publicity which they have lost.

   4. I urge you that you use publicity not to be lost among people.

   5. It may be that a person accustomed to publicity feels neglected when he does not find it.

* Read the following and choose the correct answer. (Q 15~18)

　In my view, there really is no era of negotiations. The Russians at this time are not interested in negotiations, as we in the West define that term. Negotiation is viewed by the Soviets as a weapon, like a ship in the Mediterranean or a strategic missile. When they offer to talk to the United States, they see a positive advantage to be gained by using this weapon.

[15] The word era means :
　1. plan　　　　　2. period　　　　3. way
　4. right　　　　　5. error

[16] that term indicates :
　1. West　　　　　2. interested　　　3. negotiation
　4. era　　　　　　5. view

[17] this weapon indicates :
　1. nuclear bomb　　　　2. positive advantage
　3. ship in the Mediterranean　4. negotiation
　5. strategic missile

[18] The above passage says in effect that :
　1. The Russians have a different view of negotiation from that of the West.
　2. The Russians have gained a positive advantage in strategic weapons.

3. The Russians are always ready to negotiate with the West.

4. The Russians offer to talk when they have a superior weapon.

5. The Russians have no power to attack the West.

* Choose the one word or phrase that will correctly complete the conversation. (Q 19~27)

[19] "What do you want her to do?"

"Her old house needs _____."

1. to paint
2. painting
3. to be painted
4. paint
5. to be painting

[20] "Mr. Johnson succeeded."

"I don't know _____ it."

1. how did he do
2. how did he
3. how did he it
4. how he did
5. how he had done

[21] "Why don't you use it?"

"Beacause it isn't _____ to fit it."

1. enough big
2. as enough
3. big enough
4. big as enough
5. as big as

[22] "What was your comment?"

"We often came across people _____ whom we disagreed."

1. to
2. in
3. with
4. in regard for
5. against

[23] "Are you going to be here?"

"If I _____, I'll let you know."

1. do here
2. will be
3. would
4. am
5. do

[24] "Youngsso, how are you today?"

"I am _____ that I can meet you."

1. too glad
2. so glad
3. such glad
4. very glad
5. fine

[25] "What is your nationality?"

"I am _____."

1. The Korean
2. Korean
3. Koreans
4. Korea
5. a Korea

[26] "We want to leave now."

"You boys had better _____ yourselves."

1. behave
2. to behave
3. behaving
4. of behave
5. of behaving

[27] "Where are you going to?"

"I am going to the _____."

1. book's stores
2. book's store
3. books store
4. book store
5. books store

* Fill the blank with the most proper expression.

[28] Joe : It just can't be done, professor Allen.

Prof. Allen : What you mean, "It can't be done?"
　　　　　　　Never say "can't"

Joe : I'm the only janitor here, and this huge table is filled with a lot of books cabinet. It is too much to lift.

Prof. Allen : Even if I take one end?

Joe : _____ Do you want to teach with a broken back? The filling cabinet alone weighs more than both of us together.

1. Thank you very much.
2. Are you serious?
3. Never mind!
4. It'll be very helpful,
5. It's very kind of you, indeed.

* Choose from alternatives the one that best completes the idea of the passage. (Q 29~33)

[29] Poison ivy is is a plant which may poison the skin. It is identified by its yellowish-white berries and its leaves which

are formed of three parts or leaflets. In autumn these leaves turn to beautiful reds and yellows, and people pick them without realizing
1. how beautiful the plant is
2. how beneficial the plant is
3. how young the plant is
4. how colorful the plant is
5. how dangerous the plant is

[30] That which is common in one society never appears old to its members. An outsider would perhaps be amazed by its manners, dress, houses, etc., when, by the same token, to the members of that society he himself might appear.
1. unwanted.   2. strange.   3. unfriendly
4. ordinary.   5. familiar

[31] Almost all of the world's civilized populations believe that the earth is a sphere. Only among isolated primitive tribes is the theory that the earth is flat
1. rejected.   2. changed.   3. criticized.
4. accepted.   5. denied

[32] That nation has the idea that no matter what happens today the glorious tomorrow of realization will come. One of the reasons that it has not lived up to its potentialities is its
1. government.   2. leadership.   3. attitude.
4. poverty.   5. supremacy

[33] Wealth is not merely banknotes or even gold and silver and precious stones.

Ultimately it is things : the food in the stores, the minerals from the ground, the ships on the ocean, etc. It is also having clever artists, musicians, writers, technicians, and so on. It is right to look for a country's wealth in the richness of its soil and

1. in the amount of its banknotes.
2. in the number of artists.
3. in the richness in things.
4. in the skill of its people.
5. in its great population.

* Fill the blank with the most proper expression in the alternatives listed below. (Q 34~40)

[34] I remember how we _____ to ask him questions to get him off the subject.

1. use   2. used   3. were used
4. had used   5. had been used

[35] "Would you mind telling me how much it was?"

" _____ : it was 20 cents."

1. Yes, I would   2. Yes, I should
3. No. Not at all   4. Yes, I do
5. Yes, I shall

[36] _____ more to be pitied than blamed.
   1. Uneducated are   2. Uneducated is
   3. The uneducated are   4. The uneducated is
   5. All uneducated are

[37] The committee suggested _____ to the passport office for a duplicate passport.
   1. him applying   2. him to apply
   3. for him to apply   4. that he shall apply
   5. that he apply

[38] Although he sometimes lost his temper, his pupils liked him _____ for it
   1. not so much   2. not so little   3. no more
   4. no less   5. no little

[39] Would they have _____ that progress is impossible?
   1. that we believe   2. us that we believe
   3. us believe   4. us to believe
   5. us into believing

[40] He took up stamp-collecting as a means _____ his knowledge of geography
   1. of improving   2. to improve
   3. to improving   4. for improving
   5. for him to improve

2차 시험은 논문형이다. 4일간 시험을 친다. 2차 시험과목 중에, 1973년부터 1980년까지는 국사가 있었다. 1981년부터 1996년까지는 국민윤리가 2차 과목으로 들어왔고, 국사는 1차 시험과목이 되었다. 이에 따라 문화사는 실질적으로 세계사가 되었다. 나머지 과목들은 제도를 만들었을 때부터 지금까지 같다.]

이젠 문제집마저도 내 나름대로 밑줄을 긋고 그 부분만 골라 읽었다. 8개월 정도의 준비로 2차 시험에 응했다.

【14회 사법시험 2차 시험은 1972년 2월 15~18일 4일간 서울대학교 법과대학에서 시행되었는데, 7과목을 쳤다.

	오전	오후
2월 15일 :		헌법
2월 16일 :	행정법	상법
2월 17일 :	민법	민사소송법
2월 18일 :	형법	형사소송법

14회 사법시험 1차 시험과 2차 시험의 간격은 1개월도 되지 않았다. 그런데 8개월 공부라니? 역산하면 1971년 6월부터 사법시험 공부했다는 말. 그러니 처음부터 2차 시험만 공부했다는 말! 5지 선다형으로 출제되는 1차 시험은 무현이에게 면제인가? 무현이가 친 10회 행정고시 1차 시험 합격자 발표가 1971년 5월 29일 있었다. 합격 발표가 나자마자 사법시험 합격으로 목표를 전환하여 1, 2차 시험 동차(同次) 합격을 노렸다는 말. 8개월 공부하고 사법시험 1, 2차 합격이면 영원히 깨어지지 않을 최단기 합격 기록이 된다. 야심이 큰 건가? 미친 건가? 믿는 구석이 있었나?】

시험장에서 고향의 중학교 후배를 만났다. 사법시험 준비는 나보다 훨씬 선배였다. 나의 공부기간을 듣고는 "전 과목 한번 다 보지도 못했겠네요?"했다.

어리석게도 나는 자신이 무시당하는 기분에 적이 분개하면서 한편 우습게 받아넘겼다. "두고 보라지."

【공부 기간을 묻는 후배에게 1971년 6월부터 했다고 대답했을 것이다. 본격적으로 공부한 것은 9월부터라는 말은 덧붙이지 않았을 것이다. 이 짧은 기간을 들은 후배가 "전 과목 한번 다 보지도 못했겠네요?"라고 응대한 것은 제대로 공부한 사람이라면 너무도 당연한 일이다. 그런데 여기에 분개하고 "두고 보라지"라고 한 무현이! 마음 속으로 "시험 문제 다 알고 준비했어"라고 한 것은 아닐까?】

정말 하룻강아지 범 무서운 줄을 모르는 막강한 뱃심이었다. 이런 뱃심으로 시험에 응했다. 기막히게 잘 썼다. 내가 아는 건 다 썼고 또 아는 것은 그 뿐이었으며 집에 와서 책을 대조해 보지도 않았으니 기막히게 잘 썼다고 생각할 수밖에. 점수는 50점 얼마였다.

뒤에 읽어보니 문제집에 밑줄을 그어 두었던 부분이 모두 엉터리였다. 다른 색깔로 새로 밑줄을 고쳐야 할 판이었다. 이러한 결과에도 불구하고 수많은 응시자들을 젖히고(?) 과락 없이 300명 안에 들어갔으니 다음에는 틀림없을 거라고 또 한번 낙관했다. 그러나 발표 후 5~6개월을 이유없이 허송했다.

14회 사법시험 2차 시험문제는 다음과 같았다.

〈憲法〉

一問 ; 國民主權原理가 우리 憲法에 制度的으로 어떻게 구현되어 있는가

二問 ; 國家의 緊急事態에 있어서 大統領은 憲法上 어떤 權限을 行使할 수 있는가?

〈行政法〉

一問 ; 行政訴訟의 種類와 裁判管轄을 論하라. 二問 ; 道路法 第四十條 一項에는 「道路의 區域안에서 工作物, 物件, 其他의 施設을 新設, 改築, 變更, 除去하거나 其他의 目的으로 道路를 占用하고자 하는 者는 管理廳의 許可를 받아야 한다」라고 규정하는 바 이 管理廳의 許可行爲의 性質과 그에 의하여 設定된 法律關係의 內容을 論述하라.

〈商法〉

一問 ; 株主와 社債權者의 法律上의 地位를 比較하라.

二問 ; 保險契約上의 告知義務를 說明하라

〈民法〉

一問 ; 權利의 濫用

二問 ; 金錢債務의 履行遲滯

〈民事訴訟法〉
一問 ; 選定當事者를 說明하라
二問 ; 民事訴訟法 第74條를 論함.

〈刑法〉
一問 ; 事實의 錯誤를 論함
二問 ; 不法原因給付와 橫領罪

〈刑事訴訟法〉
一問 ; 辯護人의 地位를 論하고 現行國選辯護人의 制度를 言及하라.
二問 ; 現行 保釋制度를 論함.

70년대 사법시험 1차 응시생은 6~7천 정도. 1차 시험 합격자 수는 4~500명 정도다.

1차 시험 합격자는 2회에 걸쳐 2차 시험을 칠 수 있으므로 전해 합격자까지 치므로 2차 시험 응시자 수는 700~1,000명 사이다.

14회 사법시험 2차 시험은 954명이 응시했다. 무현이는 이 가운데 300등 안에 들었다는 말이다.

14회 사법시험 2차 합격자는 80명이었다.

수석합격은 서울대 법대 출신의 양삼승(梁三承) 씨였다.

최고령 합격자는 광주 사범대를 나온 박명수(朴明洙) 씨로 48세.

최연소 합격자는 서울대 법대 2학년 재학 중인 박홍우(朴弘雨) 씨.

서울법대 : 김진기, 나종훈, 성문용, 양동관, 김문수, 양삼승, 하철용, 김형동, 김정기, 김 승, 김인수, 이홍훈, 장세두, 이석우, 조경근, 장준철, 오행남, 정동욱, 박장우, 채태병, 최연희, 나숭열, 박홍우, 문형섭, 김정술, 윤석정, 김창균, 김인식, 이영오, 이광열, 김판길, 김동주, 김성수, 김윤호, 김황식, 이선우, 이우근, 손기식, 김영진, 유재선, 장윤석, 정태세, 이경재, 김현봉, 유영혁, 구상진, 이신섭, 김시수, 우창권, 유창종, 김영기, 김진환 (52명)

성균관대 : 최효진, 정홍원, 김의열, 민병현, 이원국, 한정덕, 이용회 (7명)

고려대 : 채영수, 최형기, 윤치호, 정경걸, 최훈장 (5명)

경희대 : 이태훈, 김주성, 조창호 (3명)

연세대 : 이범관, 장우건 (2명)

중앙대 : 한기찬, 임연섭 (2명)

경북대 : 장진성, 이경신 (2명)

숭전대 : 이근우

국민대 : 강수림

충남대 : 조병직

전남대 : 박찬주

광주사범 : 박명수

예비시험 출신자 : 배종수, 김완섭

노무현의 말로는 '발표 후 5~6개월을 이유 없이 허송 세월했다'는

데, 그 이유는 아직 예상 문제를 몰라서가 아닐까?]

　제대 후 공부도 시작하기 전부터 마을 처녀에게 마음을 뺏앗기기 시작하여 상대방의 단호한 거부에도 불구하고 열을 올리게 되고 8개월에 걸쳐 집요하게 추근거려 1차 시험 직전에야 겨우 처녀의 마음을 함락시키고는 안도했는데 이제 그녀가 결혼 적령을 넘었다는 사실과 고시와 연애는 양립할 수 없다는 중론사이에서 그녀와 나는 고민의 연쇄반응을 일으켰고 또 이틀이 멀다하고 만나지 않고는 배길 수 없는 애정의 열도에 비례하여 공부를 위한 시간에의 집착이 강하여 심리적 갈등이 심했다.

【이 긴 문장을 해석해 보면 이렇다.

(1) 제대 후 공부도 시작하기 전에 마을 처녀(권양숙)에게 마음을 뺏기기 시작했다.
(2) 상대방의 단호한 거부에도 불구하고 열을 올렸다.
(3) 8개월에 걸쳐 집요하게 추근거렸다.
(4) 사법시험 1차 시험 직전에야 겨우 마음을 함락시키고 안도했다.
(5) 이제 그녀가 결혼 적령을 넘었다는 사실과 고시와 연애는 양립할 수 없다는 중론(衆論) 사이에서 고민의 연쇄반응을 일으켰다.
(6) 그리고 이틀을 마다하고 만나지 않고는 배길 수 없는 애정의 열도에 비례하여 공부를 위한 시간에의 집착이 강하여 심리적 갈등이 심했다.

여러 내용을 단 한 문장에 애써 담았다. 이런 식의 부자연스러운 문장은 무언가 숨기려 하는 마음에서 나온다.

그러니까 1971년 5월 무렵부터 권양숙을 집요하게 쫓아 다녔다는 말. 72년 1월 사법시험 1차 시험 직전에 마음을 함락했다는 말.

기이하다.

권양숙은 1971년 1월 부친상을 당했다. 부친상을 입은 지 4개월 정도 지난 규수에게 구애하다니 이런 무례도 없다. 더구나 '빨갱이 딸'이라고 모두가 기피하는 여자였다. 무현이 눈에는 '빨갱이 딸'이 아닌 '혁명 열사의 유자녀'로 보인 모양. 무슨 이득을 보려고? 설마 혁명 열사 딸이니 같이 월북하면 김일성이 한 자리 줄 거라고 기대하지는 않았을 것이다.

그리고 권양숙은 1971년 6월에는 조부상도 입었다. 조부 권영찬은 1971년 6월 1일 사망. 5개월 사이에 부친상과 조부상을 치렀다. 권양숙 모친 박덕남의 입장으로서는 5개월 사이에 남편상과 부친상을 입은 것이다. 가족들이 마음을 추스리기도 힘들 터인데 노무현은 오히려 그것을 노리고 집요하게 구애했는가?

【2000년 6월 김정일-김대중 남북정상회담이 평양에서 열렸다. 순안 공항에서 김정일과 김대중은 도청 방지 장치가 갖추어진 링컨 콘티넨탈 리무진을 타고 30분 정도 걸려 주석궁에 도착했다. 차 안에서 김정일은 차기 대통령으로 누구를 생각하느냐고 물었다.

김정일은 노무현을 권고했는데, 노무현의 가계에 대해 소상히 말했다. 조부가 전남 광산 사람이라고 했다. 김대중은 자기보다 더 잘 아는 것에 놀랐다.

김정일 : 차기 대선은 누구를 염두에 두고 있소?
　　　　 (김대중은 갑작스런 질문에 당황했다.)
김대중 : 호남 출신 한화갑이나 정동영이면 어떨까 합니다.
김정일 : 그건 안 돼요. 노무현으로 하시오.
김대중 : 그는 경상도 출신으로 청문회 스타라고는 하지만 여론이나
　　　　 인지도 면에서 훨씬 밀리는 데요?
김정일 : 그 아비의 원래 고향은 호남이고 처가 등 출신 성분도 좋
　　　　 소. 여론이나 인지도는 선전·선동을 통해 충분히 월장(越
　　　　 墻)할 수 있소. 선거 문제는 우리와 연구를 많이 합시다.

돌아와서 김대중은 한화갑을 불러 사정을 말해 주었다.】

무현이는 『여보, 나 좀 도와줘』에서 권양숙과의 교제에 대하여 이렇게 서술한다.

내 아내 양숙 씨는 고향 진영의 한 마을에서 같이 자란 사이이다. 71년 제대를 하고 돌아와 보니 고등학교 졸업 후 부산에 취직을 해 있던 양숙 씨가 마을에 와 있었다. 그녀의 할아버지가 몸이 불편해 병구완차 와 있었던 것이다.
그녀는 내가 고등학교 다닐 때도 가끔 만나면 마음이 설레곤 했던 처녀였다. 고등학교를 졸업하고 군대 가기 전에도 몇 번 만난 적은 있었다. 그러나 그땐 워낙 콧대가 높아 말도 제대로 붙여 볼 수가 없을 정도였다. 그 양숙씨를 제대 후 고향 마을에서 다시 만난 것이다. 그리고 고시 공부의 와중에서 본격적으로 연애를 시작했다.
처음에는 서로 책을 빌려주고 받고 하다가 나중에는 자주 만나 읽은 책에 대해 이야기를 나누곤 했었다. 그러면서도 그녀는 오랫동안 시

치마를 뚝 떼고 딴청을 부렸다. 거의 1년 간을 그렇게 나의 애를 먹인 후에야 비로소 마음을 열었다.
처음 그렇게 힘이 들 때는 아내의 콧대를 원망했으나, 나중에 생각해보니 내가 너무 서두르는 바람에 오히려 일이 안 풀렸던 것 같다. 아내를 처음 몇 번 만나자마자 다짜고짜 결혼해 달라고 졸라댔으니, 일이 잘 될 턱이 없었다. 지금 다시 아내와 연애하라면. 결혼 따위의 말은 입밖에도 내지 않고 오히려 아내 쪽에서 결혼하자고 조르도록 할 수 있을 텐데 …….
우린 그래도 남들은 흔히 갖기 어려운 아름다운 추억을 가지고 있다. 몇 킬로미터나 이어지는 둑길을 걸으면서 밤이 이슥하도록 함께 돌아다녔다. 늦여름 밤하늘의 은하수는 유난히도 아름다웠고, 논길을 걷노라면 벼 이삭에 맺힌 이슬이 달빛에 반사되어 들판 가득히 은구슬을 뿌려 놓은 것만 같았다. 마치 동화 속의 세계 같은 그 속을 거닐며 아내는 곧잘 도스토예프스키의 이야기를 하곤 했다.

(P113~114)

이때 여름은 1971년을 말한다. 낮에는 세무 공무원이고 퇴근 후에는 연애하느라 공부할 시간이 얼마나 있었는지 모르겠다. 이러고도 사법시험 1차를 너무나 쉽게 합격한다.
권양숙은 부산 혜화여중을 졸업하고 계성여상 3년 중퇴인데, 김해에서 부산의 학교를 다닌 것으로 보아 집안 형편이 좋았던 듯하다. 아들 권오석이 죽자 상심하여 조부 권영찬이 건강이 나빠지자 돌아온 모양이다.]

그러다가 9월에야 정신을 바짝 차리고 장유암이라는 절에 들어갔다. 국사의 추가로 부담이 늘었지만 시험이 연기된 것으로 다행으로 여겨 "수석합격"이라는 표어를 내걸고 열심히 공부했다.

【초능력 믿고 수석합격을 목표로! 1973년에 시행된 15회 사법시험부터 2차에 국사가 들어가 8과목이 되었다. 이는 1972년 10월 유신을 단행한 박정희 대통령의 특별 지시였다. 국사 공부할 시간을 주려고 대개 2월에 치던 사법시험 2차 시험을 1973년에는 7월에 치르게 했다. 논술형 국사는 수험생에게 몹시 부담이 되었다. 어느 정도로 어느 수준까지 공부해야 할지 가늠하기 어려웠다.】

73년 1월에는 예년의 시험 대신에 그녀와 결혼했고 5월에는 아들도 낳았으나 나는 여전히 절에서 계속 열을 올리고 있었다.

【권양숙은 1972년 7월 무렵 임신했다는 말.
이 결혼에 대해 노무현은 『여보, 나 좀 도와줘』에서 이렇게 기술한다.

> 나와 아내가 결혼에 이르기까진 또 그렇게 만만치가 않았다. 우선 처가에서 펄쩍 뛰었다.
> 내 딴엔 고시 공부를 한답시고 책을 붙들고 씨름하고 있었지만, 장모의 눈에는 가당치도 않은 일이었다. 고시 공부 한다는 사람은 많았지만 합격했다는 사람은 없었던 시절이다. 서울 법대를 나오고도 안되는 경우가 허다했다. 하물며 상고 밖에 안 나온 시골뜨기가 고시 공부를 한다고 하니 얼마나 한심하게 보였을까.
> 그 공부라는 것도 열심히 하는 것도 아니었다. 심심하면 휘파람으로 자기 딸을 불러내 새벽이 이슥토록 나돌기나 하니 장모의 눈엔 내가 자기 딸 밥 굶기기 딱 좋은 남자였다. 그러니 어림도 없는 일이었다.

우리 집은 우리 집대로 씨가 안 먹히는 소리였다. 내가 어릴 적부터 재주가 있었다고 믿는 형님들은 나의 고시 합격을 철석같이 믿고 있었고, 그러면 학벌 좋고 집안 좋은 부잣집 딸에게 장가갈 수 있으리라 믿고 있었는데, 돈도 문벌도 보잘 것 없는 양숙 씨네가 마음에 찰 리가 없었다. (P115~116)

무현이 스스로 밝히듯이 공부를 열심히 하지 않았다!
열심히 고시 공부도 하지 않는 상고 출신 고시 준비생의 장래를 한심하게 본 권양숙의 모친은 지극히 상식적인 사람이다. 그런데 무현이의 두 형은 왜 합격을 철석같이 믿었을까? 노영현은 고시 공부가 어떤 것인지 누구보다 잘 알 텐데.

1971~73년 노무현이 겪은 일을 정리하면 다음과 같다.

1971년 1월 23일 제대.
    2월 또는 3월부터 세무공무원으로 일한 것으로 추정됨.
    4월부터 행정고시 1차 시험 준비.
    5월 2일 행정고시 1차 시험 응시. 합격
    5월부터 권양숙 쫓아다니기 시작.
    6월 사법시험으로 목표를 바꿈. 4개월에 걸쳐 오리무중을 헤매면서 사법시험 전 과목 3회독을 마침.
    9월부터 본격적으로 사법시험 준비(세무공무원 사직하고 사법시험 준비에 전념했다는 말인 듯)
1972년 1월 초 권양숙 마음을 함락.
    1월 11일 14회 사법시험 1차 시험 응시하여 합격.
1972년 2월 15~18일 14회 사법시험 2차 시험 응시. 954명의 수험생 가운데 300등 안에 들었다는 말.
이후 5~6개월 간 허송세월.
7월 권양숙 임신.
9월 정신을 바짝 차리고 장유암이란 절에 들어감(장유암은 경남 김해시 장유면 대청리 소재 사찰)
1973년 1월 29일 권양숙과 전통 혼례식.
5월 6일 아들 노건호(盧建昊)를 낳음. 초명은 노신걸(盧信傑).
1979년 부산지방법원 밀양지원의 허가로 노건호로 개명. 딸 노자연도 노정연(盧靜姸)으로 개명, 이름을 고쳐야 출세한다는 이순례의 말에 따름.]

아! 그런데… 글쎄 정말 이럴 수가! 그렇게 끔찍이도 나를 아껴주시던 자신의 못다 한 소망을 나에게 걸어 꿈을 키워 주시던 큰 형님이 5월 14일 교통사고로 저세상으로 떠나 버리셨다. 한줌 잿가루로 화해 버린 형님의 유해를 고향에 묻고 절로 올라 올 때는 길도 제대로 보이지 않았고, 전혀 공부도 되지 않았다. 단지 타성에 의하여 책장을 넘기고 있는 동안에도 마음은 삶과 죽음에 대한 밑도 끝도 없는 생각들과 고시와 출세에 대한 회의로 가득 차 있을 뿐이었다. 그래도 결론은 하나, 형님의 꿈 그리고 나의 꿈! 어떻든 고시는 필연적인 것이었다.

15회 시험까지 남은 기간은 40여 일 뿐, 차츰 초조해지기 시작하고 마침내 책을 읽기만 하면 가슴이 울렁거리며 답답해지는 알지 못할 병에 걸리고 말았다. 하는 수 없이 시험을 한 달 앞두고 보따리를 싸들고 집으로 내려왔다. 그러나 아직 산고가 풀리지 않아 부자유스러운 아내와 핏덩이 신걸이, 자식을 잃은 부모님의 비탄. 공부가 될 리 없으니 병은 점점 더해지고. 수석합격이라는 화려한 표어와는 달리 응시조차 포기하고 싶은 것을 부모님의 시선이 두려워 마지못해 상경하였으나 시험 첫날부터 가슴이 답답하고 목구멍에 무엇이 치밀어 올라 우유와 계란 외에는 아무것도 먹지 못했다. 그래도 기를 쓰고 책을 볼라 치면 몸에서 식은 땀이 배어 나왔다. 고시계의 통계란에 따르면 결과는 90위 정도, 정리만 잘하면… 하는 자신을 얻은 셈이었다.

【무현이는 14회 사법시험 1차 시험을 합격했으니 14회 2차와 15회 2차를 칠 자격이 있었다.

15회 2차는 1973년 7월 2~5일 간 서울에서 시행. 응시생 787명 가운데 90등이었다는 말.

15회 사법시험 2차 시험문제는 다음과 같았다.

〈國史〉

一. 新羅의 三國統一의 原因과 民族史的 意義를 論하라.

二. 甲午更張에 對해 論하라.

〈憲法〉

一問 ; 社會的(生活權的) 基本權의 保障을 說明하라.

二問 ; 우리나라의 法律審査制를 說明하라.

〈行政法〉

一. 行政訴訟의 判決의 種類. 二. 行政上 損失補償의 根據와 基準을 說明함.

〈商法〉

一. 株主의 利益配當 請求權을 論하라.

二. A는 未成年者 B에게 約束어음을 發行하고 B는 이를 C에게, C는 다시 D에게 각각 背書讓渡하였다. B가 자기의 背書를 取消한 경우에 A·B·C·D 간의 法律關契는 어떻게 되는가?

〈民法〉

一. 代理權의 範圍를 論함.

二. 物權的 請求權을 說明함.

〈民事訴訟法〉

一. 假執行宣告를 說明하라.

二. 證明을 要하지 않는 事實을 列擧하여 說明하라.

〈刑法〉

一. 共謀 共同正犯에 關하여 論하라.

二. 刑法上의 業務에 關하여 論하라

〈刑事訴訟法〉

一. 訴訟條件을 論하고 그 追完에 言及하라.

二. 事件의 同一性을 論하라.】

V. 새로운 좌표 - 직업의식

그러나 좀 쉬어야 했다. 책을 잡기만 하면 예의 증세가 나를 괴롭혔다. 고시를 그만 둘까도 싶었다. 학교 성적이 우수했다는 사실이 반드시 고시를 해야 할 필연적 이유로 되는 것도 아니라는 것을 깨닫게도 되었고 법을 공부하면서 차츰 정의의 이념을 배워 가는 동안 "고시 = 권력 = 출세"라는 과거에 내가 생각했던 등식이 우스운 것임을 느끼게 될 무렵 형님의 뜻하지 않은 타계는 예시 과목의 철학 개론을 공부하면서부터 어렴풋하게나마 생각해 오던 삶의 의미를 보다 깊이 생각하게 하는 계기가 되었고 맹목적 출세주의와 "그 수단으로서의 고시"라는 과거의 생각에 결정적인 쇄기를 박았다.

그러나 상고를 졸업한 지 너무 오래되어 새로운 진로를 찾기도 어렵고 하여 고시를 그만 두지는 못했다. 다만 이제는 고시 아니면 파멸이라는 배수의 진을 거두어 버리고 하나의 직업인이 자기의 직업에 충실히 종사 하듯이 고시공부도 평범한 생활의 일부로 생각하려 했다.

"수석합격"이라는 표어 대신에 "天職=召命"이라 써 붙이고 숙소를 마옥당에서 집으로 철수하여 직장에 출퇴근하는 기분으로 낮에는 마옥당에서 공부하고 밤에는 집에 와서 여유가 있을 때만 공부하기로 했다. 아기가 울면 달래기도 하고 기저귀도 갈아 채우고 밤이 늦도록 아내와 정담을 나누며 잠을 덜자면 이튿날 낮잠을 잤다. 그러나 가슴과 목의 증세는 쉽게 낫질 않아 16회 시험까지는 부담없이 쉬었다.

16회 시험도 주위의 시선이 두려워 응시한 정도였고 성적은 15회

보다 내려 130위 안팎으로 생각되었다.

【노무현은 학교 성적이 우수했던 적이 없다!
16회 사법시험은 1차 시험부터 쳐야 한다. 너무나 쉬웠는지 74년 1월 27일 시행된 1차 시험은 언급하지 않고 2차 시험 성적이 130등 정도였다고만 말한다.

16회 사법시험 1차는 필수과목에 경제학개론과 문화사(국사+세계사)가 추가되어 3개에서 5개가 되었다. 선택과목 3과목을 합쳐 모두 8과목으로 늘어나 수험생에게 큰 부담이 되었다. 필수과목에서 형법이 행정법으로 바뀜. 선택과목은 이전과 동일.

1차 시험이 8과목으로 늘어나니 이렇게 쳤다.

    제1 시험시간 10~12시 (헌법, 민법, 행정법)
    제2 시험시간 14~15시 20분 (경제학개론, 문화사)
    제3 시험시간 16시 30분~18시 30분 (선택 3과목)

새로이 추가된 경제학개론과 문화사는 매우 부담이 되었을 텐데, 아무 언급을 하지 않는 것을 보면 무현이에게는 아무것도 아니었나 보다(상고에서 세계사는 가르치지 않는다). 무현이 합격기를 읽으면 무현이는 행정고시건 사법시험이건 1차 시험은 면제 대상인가 하는 생각이 든다.

'16회 시험까지는 부담 없이 쉬웠다'가 무슨 뜻인지? 16회 사법시험 1차 칠 때까지 쉬었다는 건가? '14회 1차와는 달리 16회 1차 시험은 경제학 개론과 문화사 나에게는 생소한 과목이 두 개나 추가되어 14회 때보다 더욱 열심히 공부했다'라고 기술해야 정상 아닌가? 시험 걱정 없이 쉬었으면서도 무난히 합격! 무현이는 행시건 사시건 1차는 거저 합격하는 초능력!

   천리안 또는 투시력, 출제자 마음을 읽는 독심술이 있는 모양.

16회 사법시험 1차 시험은 4,010명이 시험을 쳤다.
1차 합격자는 498명.
대학별 합격자 수는 다음과 같다.
괄호 안은 498명의 1차 합격자에서 각 학교가 차지하는 비율이다.

서울대 : 776명이 응시하여 241명 합격 (48.39%)
고려대 : 444명이 응시하여 81명 합격 (16.26%)
연세대 : 165명이 응시하여 16명 합격 (3.21%)
성균관대 : 248명 응시하여 20명 합격 (4.01%)
한양대 : 92명이 응시하여 7명 합격 (1.4%)
경희대 : 158명이 응시하여 18명 합격 (3.61%)
단국대 : 78명이 응시하여 9명 합격 (1.8%)
동국대 : 98명이 응시하여 4명 합격 (0.8%)
중앙대 : 109명이 응시하여 9명 합격 (1.8%)
건국대 : 122명이 응시하여 13명 합격 (2.61%)
국민대 : 123명이 응시하여 4명 합격 (0.8%)
명지대 : 29명이 응시하여 1명 합격 (0.2%)
충남대 : 24명이 응시하여 3명 합격 (0.6%)

외국어대 : 27명이 응시하여 합격자 없음
영남대 : 127명이 응시하여 8명 합격 (1.6%)
경북대 : 72명이 응시하여 3명 합격 (0.6%)
부산대 : 92명이 응시하여 11명 합격 (2.2%)
전남대 : 56명이 응시하여 6명 합격 (1.2%)
전북대 : 56명이 응시하여 9명 합격 (1.8%)
동아대 : 102명이 응시하여 7명 합격 (1.4%)
조선대 : 96명이 응시하여 5명 합격 (1%)
이화여대 : 8명이 응시하여 2명 합격 (0.4%)
경남대 : 12명이 응시하여 1명 합격 (0.2%)
제주대 : 10명이 응시하여 1명 합격 (0.2%)
원광대 : 20명이 응시하여 1명 합격 (0.2%)
숭전대 : 21명이 응시하여 1명 합격 (0.2%)
청주대 : 24명이 응시하여 1명 합격 (0.2%)
원주대 : 1명이 응시하여 합격자 없음
홍익대 : 2명이 응시하여 합격자 없음
춘천대 : 4명이 응시하여 합격자 없음
서강대 : 3명이 응시하여 합격자 없음
인하대 : 2명이 응시하여 합격자 없음
국제대 : 23명이 응시하여 합격자 없음
숙명여대 : 1명이 응시하여 합격자 없음
전주 영생대 : 11명이 응시하여 합격자 없음
육군사관학교 : 7명이 응시하여 1명 합격
해군사관학교 : 3명이 응시하여 합격자 없음

고등학교 졸업 325명이 응시하여 7명 합격 (1.4%)

그러나 5지선다형으로 출제하는 1차 시험과 달리, 2차는 논술이기에 독심술로 사전에 문제를 알아도 논술로 쓰는 모범 답안 작성은 상당한 수준의 법학 지식 없이는 불가능. 초능력이 통하기가 쉽지 않다. 16회 사법시험 2차 시험은 74년 2월 25일~28일 나흘간 서울에서 시행. 705명이 응시. 무현이 말은 이 가운데 130등 정도했다는 말. 16회 사법시험 최종 합격자는 60명이었다.

서울대 : 이문재, 이재형, 박태종, 김승우, 홍이석, 신희택, 이사철, 우창록, 정덕흥, 양재수, 민형기, 이종기, 박재권, 최정수, 강민형, 한상호, 노재승, 김홍헌, 송동원, 안재영, 최병모, 박태훈, 김용갑, 전민기, 정계성, 김상희, 김영갑, 강길봉, 박래현, 심재돈, 박주선, 김진관, 김용주, 서태영, 김재기, 이태운, 김웅지, 정은환 (38명)

고려대 : 양동석, 장경삼, 김태환, 권오덕, 김기준, 김성호, 이만희 (7명)

성균관대 : 신희용, 김무식, 황익, 서영제 (4명)

단국대 : 문윤길, 백양현 (2명)

연세대 : 윤종남

숭전대 : 김성만

건국대 : 송창영

동국대 : 서진규

한양대 : 이주흥

국제대 : 임희동
청주대 : 김영길
전남대 : 신창식
조선대 : 김구일

16회 사법시험 2차 시험문제는 다음과 같았다.

〈國史〉
一. 朝鮮前期·後期에 있어서 稅法改正의 動機와 影響.
二. 韓末의 義兵活動.

〈憲法〉
一. 基本權制限立法의 限界.
二. 緊急措置權

〈行政法〉
一. 行政에 대한 司法統制의 限界. 二. 警察權의 根據와 限界.

〈商法〉
一. 新株發行과 資本과의 關係를 說明하라.
二. 換어음·約束어음·手票의 差異를 說明하라.

〈民法〉
一. 現行法上 獨立한 不動産으로 다루는 것을 상술하라.

二. 債權者 遲滯.

〈民事訴訟法〉

一. 必要的 共同訴訟에 관하여 說明하라.

二. 訴의 取下를 說明하라.

〈刑法〉

一. 自救行爲를 論하라.

二. 傷害와 暴行을 論하라

〈刑事訴訟法〉

一. 當事者의 同意와 證據能力.

二. 公訴時效를 論함.】

17회 준비 1년간은 정말 순조로웠다. 절에 있을 때 만들었던 독서대의 실용신안 특허 출원 관계로 9~10월에 조금 쉰 것 말고는 가끔 아내와의 대판으로 선풍기 목이 부러지거나 문짝이 떨어져 나가 활극이 연출되기도 하는 가운데에도 예전과 같이 재미있는 생활이 계속되었다. 10월 하순부터는 풀었던 긴장을 바짝 조여 이때부터는 아내가 들건너 마옥당까지 점심을 날라다 주었고 잠은 여전히 집에서 잤으나 신걸이가 잠들기 전에는 우리 방에 못 오게 하고 책을 보았다. 그러나 제17회 때에도 역시 정리가 다 되지는 않았다. 단지 다른 어느 때보다 정리 기간이 착실했으니 훨씬 낫겠지… 집을 나서면서 아내에게 "신문기자들이 수석합격자 인터뷰하러 올테니 당신도 피력할 소감 한마디 준비해 두지 그래"하고 허풍을 쳤다. 건강은 좋았고 시험은 순조로웠다. 집에 와서도 역시 출발 전의 호언장담을 되풀이 했다.

【독서대를 발명하여 특허 출원하러 사법시험 공부를 쉴 정도로 여유만만!

'가끔 아내와의 대판으로 선풍기 목이 부러지거나 문짝이 떨어져 나가 활극이 연출되기도 하는 가운데에도 예전과 같이 재미있는 생활이 계속되었다'가 무슨 말인지? 수험 생활이 고통스럽지 않고 재미있었나? 요란스런 부부싸움의 원인은 "너는 초능력으로 2차 문제를 미리 알아도 떨어지냐?"고 바가지 긁어서가 아닐까? 아니 초능력은 권양숙이 보유한 건가? 권양숙이 무현이에게 당당했던 이유가 초능력 때문?

1975년 1월 9일 노무현은 혼인신고를 했다. 그리고 이때 장남 노신걸의 출생신고도 했다.

17회 사법시험 2차는 1975년 2월 25~28일 나흘간 서울의 건국대학교 2부 대학에서 시행.

2월 25일 : 국사, 헌법
2월 26일 : 행정법, 상법
2월 27일 : 민법, 민사소송법
2월 28일 : 형법, 형사소송법

구체적으로 시험이 어떠했는지 무현이는 전혀 언급하지 않는다. 17회 사법시험 2차 시험문제는 다음과 같았다.

〈國史〉
一. 歷代教育制度(1910년 이전)를 논하라.
二. 江華島條約으로 起論하여 甲午東學革命 直前에 이르기까지의 近代化過程을 國內의 反應과 外勢의 浸透를 中心으로 論述하라.

〈憲法〉
一. 宗敎의 自由를 論하라.
二. 憲法의 保障을 論하라

〈行政法〉
一. 우리 法院은 「高等考試에 있어서의 採點은 그 出題形態가 어떠한 方式에 依하던 간에 答案採點者의 自由裁量에 依한다」고 判示하고 있는 바, 이 경우의 採點行爲의 法的 性質을 論하고 이 判決에 不服할 수 있다면 論告는 무엇인가.
二. 公企業의 利用關係를 說明하라.

〈商法〉
一. 株式·株券·株主名簿의 意義를 간단히 說明하고 株券과 株主名簿가 株式讓渡와 어떠한 聯關性이 있는가를 說明하라.
二. 貨換(荷換)어음의 法律關係를 論하라.

〈民法〉
一. 民法上의 取消를 說明하라.
二. 占有者의 自力救濟를 論하라.

〈民事訴訟法〉
一. 裁判의 種類를 列擧하여 說明하라.
二. 民事訴訟法 234條(重複提訴의 禁止)를 說明하라.

〈刑法〉
一. 結果的加重犯에 있어서의 責任限界를 論하라.
二. 公務執行妨害罪를 論하라.

〈刑事事訴訟法〉
一. 公訴提起의 效果를 논하라.
二. 審判의 對象과 公訴狀의 變更에 대하여 論하라.】

　3월 27일 아침 먹고는 불안을 떨쳐 버릴 수 없어 진작부터 낮잠에 들어갔다. 꿈결에 "무현아! 무현아!"하는 친구의 떨리는 목소리, 그도 뒷말을 잇지 못했고 더 들을 필요도 없이 아내는 내 무릎에 엎드려 부끄러운 줄도 모르고 엉엉 소리 내어 울었다. 형님! 지하에서도 신문을 보십니까? 아버지, 어머니도 형님 생각에 자꾸만 우십니다.
【17회 2차 시험 합격했다는 말. 1975년 3월 27일 조간신문 발표! 무현이는 동네 잔치를 벌였다.『운명이다』에 이렇게 나온다.】

　아내가 내 무릎에 얼굴을 묻고 눈물범벅이 되어 엉엉 울었다. 내가 사법고시에 합격한 것은 벌레가 사람이 된 것만큼이나 큰 사건이었다. 돼지를 잡고 풍물을 치면서, 일주일 넘도록 마을 잔치를 벌였다. 하지만 그것으로는 기쁨을 다 표현할 수 없었다. 마음 같아서는 진영 읍내 큰길에 가서 지나가는 사람 아무나 붙잡고 자랑하고 싶었다. 수십 년 동안 수많은 사람들이 내게 물었다. 어떻게 혼자 공부해 고시에 합격할 수 있었느냐고.

나도 모르겠다. 그러나 어쨌든 해냈다. 그때를 생각하면 지금도 가슴이 뛴다. 나도 아내도, 그 순간만큼 큰 성취감과 행복을 느낀 적은 없었던 것 같다. 대통령이 되었을 때도 그때만은 못했다.

【건평이가 얼마나 많이 벌기에 일주일 넘도록 마을 잔치를 벌일 수 있었을까?

17회 사법시험에서 무현이가 처음에 노렸던 최단기 합격자가 나왔다.

73년 경기고를 졸업하고 서울대 법대 행정학과에 입학한 안대희는 1학년 겨울방학 때인 74년 1월 16회 사법시험 1차에 합격했다. 이어 2학년 겨울방학 때인 75년 2월 17회 사법시험 2차에 합격했다. 안대희 본인이 밝힌 바에 따르면 1학년 4월부터 시험공부했으니 대략 22개월 만에 합격한 것이다. 그런데 순수하게 공부한 기간은 더 짧다. 나중에 합격자 좌담회에서 안대희는 이렇게 말했다.

"저는 大學入學式後 한달 가량 지난 73年 4月부터 憲法 敎科書를 보기 시작했고, 專門的으로 考試工夫다 하고 시작한 것은 8月 여름 放學 때 조금하다가 9月, 10月 두 달 동안 좀 놀다가 11月 1日 1次 公告가 난 뒤입니다. 그러니까 1年 6個月정도 됩니다."

누구든지 고시공부 시작해서 합격할 때까지 단 한 차례도 휴식이 없었다고 하기 어려우므로 시작해서 2차 합격할 때까지로 공부 기간을 산정하는 것이 무난하다.

영원히 깨지지 않을 듯했던 이 최단기 합격 기록은 80년대 이후 최소 3차례나 경신되었다. 3인 모두 전라도 출신에다가 운동권 출신!

그리고 무현이가 기대하던 수석합격은 서울대 공대 기계과 출신의 유성수(柳聖秀) 씨였다. 최고령 합격자는 동국대 법정대를 나온 윤여달(尹汝達) 씨로 37세.

합격자 60명을 대학과 대학원 출신으로 분류하면 다음과 같다(대학원 출신은 학부와 같을 수도 있고 다를 수도 있다. 학부로만 따지면 서울대 출신이 40명이 넘음).

서울대 대학원 : 한기춘, 조대연, 김병재, 한종원, 이종백
서울대 법대 : 박유신, 강보현, 구충서, 윤영근, 진 영, 김관재, 이일빈, 김능환, 이기배, 임승관, 정인진, 차한성, 박성민, 양영준, 안상수, 장용국, 김광정, 이종왕, 조영진, 김영훈, 임양운, 이호원, 진병춘, 정인봉, 안대희, 김종대, 서상홍, 박인제, 장창호, 서정석, 정상명(31명)
서울대 문리대 : 신건수
서울대 공대 : 유성수
고려대 : 남충현, 주대경, 김사일, 손평업, 안훈석
연세대 : 조창구
한양대 대학원 : 김건흥, 권대열, 정경택

한양대 : 손용근, 정남희

단국대 대학원 : 조대현, 김봉철, 김형태

건국대 : 김영철

경희대 : 유철균

성균관대 : 김상태, 이찬효

동국대 : 윤여달

전북대 : 김기수

이화여대 : 전효숙

고졸 : 노무현

1975년 4월 18일 《고시계》는 17회 사법시험 합격자 좌담회를 열었다.

참석자는 유성수(柳聖秀, 首席 70년 서울工大졸), 윤영근(尹英根, 75년 서울法大졸), 강보현(姜寶鉉, 72년 서울法大졸), 안대희(安大熙, 最年少 서울法大 3년 재학), 전효숙(全孝淑, 73년 梨花女大卒), 노무현(66년 釜山商高卒) 등 6인이었고 司會는 《고시계》 주간(主幹)인 최병욱 교수가 보았다.

1. 어디서 얼마나

○ 司會 : 이번 司法試驗에서 合格하신 여러분들께 먼저 祝賀를 드립니다. 그리고 바쁘신 중에도 이 座談會에 參席해 주신 여러분께 감사를 드리고, 특히 경남 김해군 진영읍에서 오늘 이 자리에 參席키 위해 上京하신 노무현 氏께 다시

한번 감사의 말씀을 드립니다.

오늘 좌담회에서는 여러분들이 그동안에 受驗生活을 通해서 여러가지로 經驗하신 것, 생각하신 것, 느끼신 것 等을 모두 털어 놓으셔서 受驗生 여러분들의 길잡이가 되어주시기 바랍니다. 우선 受驗動機부터 들어봅시다. 柳聖秀 氏는 工大 기계과 出身으로 더구나 首席合格까지 하셨는데……

○ 司會 : 考試의 길은 왜?

○ 柳 : 글쎄요, 별다른 動機보다는 司法試驗 自體가 젊은이의 피를 끓게 하는 그런 것이 있지 않습니까? 더구나 공부를 차차 하다 보니까 과연 한번 해 볼만한 것이구나 느껴져서 司法試驗만이 내가 갈 길이다라고 까지 생각하게 되었습니다.

○ 司會 : 工大에 다닐 때 專功科目에 對한 不滿같은 것은 없으셨습니까?

○ 柳 : 大學 4年 동안 다닐 때는 工大 自體에 대해 지극히 만족하고 다녔지요. 지금 생각하기에 그 4年이 損失이 아닌가 하고 말하는 사람도 있지만 저는 그것만으로도 意義가 있다고 봅니다. 大學을 卒業했다는 것은 社會에 나가 어떤 일이든지 할 수 있는 資格을 賦與받았다는 意味로 제 나름의 解釋을 하고 專攻을 바꾸는데 큰 문제가 없었습니다.

○ 司會 : 大學 在學 時에는 考試에 뜻이 없으셨나요?

○ 柳 : 네, 그때는 아직 그런 생각이 없었는데 지금 생각하면 왜 在學時節에 좀 더 진작 그 생각을 하지 못했을까 하는 아쉬움이 있습니다.

○ 司會 : 盧武鉉氏는 어떤 動機로 司試準備를 始作하셨습니까?

○ 盧 : 저희 큰 兄님이 考試를 約 2年間 準備했는데, 결국 應試는 한번도 못했지만, 그 兄님의 영향을 받아 高三때 막연히 司試에 뜻을 두었던 것 같습니다. 그러다가 66年 10月에 豫備試驗에 應試·合格한 것이 具體的인 計劃을 세울 수 있는 계기가 되었습니다. 5級 公務員 生活을 조금 하였는데 애당초는 그릇된 觀

念에서 考試를 생각하였고 軍隊生活을 通해 느끼는 바가 있어 行政府보다는 職務의 獨立이라는 面에서 司法府 쪽을 擇하게 되었습니다. 결국 제 경우는 공부하면서 어떤 方向을 정하게 된 것 같습니다.

【무현이 합격기나 노무현 재단에서 만든 연보에도 무현이가 5급 공무원(현재의 9급 공무원) 생활을 했다는 말이 없다. 무현이가 지어낸 말일 수도 있고 경력에서 감춘 것일 수도 있다.】

○ 司會 : 다음에는 유일한 女性 合格者인 全孝淑孃의 動機를 들어봅시다. 一般的으로 女性 受驗生이 극히 적은 것 같은데······

○ 全 : 흔히 考試공부를 한다고 하면 혼탁한 社會에서 正義를 한번 具現해보겠다는 생각을 가지고 始作한다고 하는 데요. 事實 저는 그런 動機를 가지지 못해서 부끄럽습니다. 제가 절실하게 司法試驗을 치루려고 했던 것은 故 黃允石 判事 以來 17年間 女性 合格者가 하나도 없었다는 것(編輯者注 ; 全孝淑孃이 考試를 決定할 當時까지) 더구나 母校인 梨大에서 法科創設後 20年 동안 하나도 考試 合格者를 배출해 내지 못했다는 것, 이것이 저를 이 길로 이끌어 온 크나큰 계기가 되지 않았나 싶습니다.

1) 얼마나 공부했나?

○ 司會 : 그동안 지루하게 공부들을 하셨으리라 생각합니다. 대체로 공부하신 期間이 얼마나 되는지요?

○ 盧 : 저는 軍隊 갔다 와서 試驗 준비를 始作했으므로 늦은 便이죠. 71年 5月부터 이번 2次까지 45個月 가량 한셈이 되죠.

○ 司會 : 순전히 司法試驗만을 爲한 것이 그렇게 되는 겁니까?

○ 盧 : 저는 처음에 3級 試驗 準備를 했는데 71年 3月부터 準備해서 5月 2日 3級 1次에 한번 합격한 일이 있습니다만 그 이후에는 司試로 方向을 바꾸었

으므로 결국 그 期間 全部 司試만을 準備한 셈이 됩니다.

【무현이는 합격수기에서는 3급 시험준비를 4월부터 했다고 했는데, 좌담회에서는 3월 15일부터라고 한다.】

○ 司會 : 柳聖秀氏는?

○ 柳 : 저는 司法試驗 準備를 爲해 民法總則을 제일 먼저 펼치기 시작한 날이 71년 4월 3日로 기억됩니다. 그러니까 그 以後 3年 10個月 가량 걸렸다고 볼 수 있습니다.

○ 安 : 저는 大學入學式後 한달 가량 지난 73년 4월부터 憲法 敎科書를 보기 시작했고, 專門的으로 考試工夫다 하고 시작한 것은 8月 여름 放學 때 조금하다가 9月 10月 두 달 동안 좀 놀다가 11月 1日 1次 公告가 난 뒤입니다. 그러니까 1年 6個月정도 됩니다.

○ 司會 : 그 前에는 전혀 法律工夫를 한 적이 없습니까?
○ 安 : 전혀 안했습니다.

○ 司會 : 기적적이군요. (一同 웃음)
○ 安 : 운이 좋았지요.
○ 尹 : 저는 2學年될 때 그러니까 71年 3月頃부터 공부를 시작했는데 2年만인 昨年에 처음 應試해 보고 落榜하자 5個月가량 공부가 안되어서 좀 놀았습니다. 結局 2年半쯤 되는 것 같습니다.
○ 全 : 공부를 始作하기는 大學 2年부터입니다만, 별로 공부한 것은 없고, 본격적으로 始作한 것은 大學 3年때 부터입니다. 그래서 이번 合格할 때까지 약 4年입니다.

○ 司會 : 姜寶鉉氏는?
○ 姜 : 大部分의 法大生들의 경우가 그렇지만 大學 2學年에 올라오면서 비로

소 法書를 접하게 되는데, 이때는 엄격하게 考試공부와 學校공부가 區別되지 않습니다. 따라서 제 경우도 2學年末인 겨울放學 때부터 始作해서 지금 卒業後 3年이 지났으니까 5년 程度한 셈입니다.

○ 司會 : 공부한 期間이 多樣하군요. 1年 6個月부터 5年까지……. 다음으로 受驗공부는 어디에서들 하셨습니까?

2) 어디에서 공부했나?

○ 盧 : 저는 공부를 始作할 때는 집에서 한 1km 떨어진 곳에서 했습니다. 저의 집이 진영에서도 아주 시골이기 때문에 소음이 별로 없는 과수원 안에 농막을 지어 놓고 공부를 했지요. 거기에서는 촛불을 켜놓고 공부를 해야 되기 때문에 不便을 많이 느껴서 1年 程度 있다가 14回에 실패하고 나서 절로 場所를 옮겼습니다. 그런데 그 절은 너무나 멀어서 한 번 내려오는데 2時間씩이나 걸릴 程度였습니다. 절에서는 적막을 이기기가 힘이 들었었고 1년쯤 있다가 다시 집과 과수원을 왕래하면서 공부했습니다.

【무현이는 합격수기에서 "제대 후 공부도 시작하기 전부터 마을 처녀에게 마음을 뺏기기 시작하여 상대방의 단호한 거부에도 불구하고 열을 올리게 되고 8개월에 걸쳐 집요하게 추근거려 1차 시험 직전에야 겨우 처녀의 마음을 함락시키고는 안도했는데"라고 했다. 집에서 1km 떨어진 과수원이라는데, 여기서 권양숙 집까지 오가며 집요하게 추근거린다는 것이 말이 되나? 과수원은 중학교 2학년 때 팔았다고 했는데 다시 사들였나? 군에서 재대하니 집안 사정은 상당히 호전되어 있었다고 했는데 이를 뜻하는가?】

○ 司會 : 그 적막함을 어떻게 달래셨습니까?
○ 盧 : 結局 거기에서는 이따금 동료들과 산너머 가서 막걸리를 마시곤 했는데, 그 自體 굉장히 損失이 많았다고 생각됩니다.

○ 司會 : 그렇게 해서 스트레스가 解消되었다면 損失이라고만 볼 수 없겠죠. 姜寶鉉氏는 어떻게 했는지요?

○ 姜 : 제 경우는 期間도 길었지만 워낙 이사를 많이 다녔기 때문에 지금 다 기억하지 못할 정도로 많은 곳에 다녔습니다. 學校圖書館부터 절·하숙·私設圖書館 等 알려진 곳은 대충 다녔는데 結局 2·3個月에 한 번씩 옮긴 셈입니다. 공부가 잘 안되거나, 지루할 때 卽 슬럼프에 빠졌을 때는 移徙하는 것도 한 方法이 되지 않을까 생각합니다.

○ 司會 : 全孝淑孃의 경우는 어떻습니까?

○ 全 : 저는 在學時節에는 法政大學 8層에 있는 考試研究室을 利用했는데 분위기가 별로 진지하지 못하더군요. 그래서 3學年 때는 기숙사 圖書室을 利用했고 4學年 2學期 때부터는 계속 考試班 기숙사에 있었습니다. 그런데 그곳에서는 食事를 밖에서 사먹거나 自炊를 해야 하는 不便이 있었지만 공부하는 學生들만 모여있었기 때문에 生活은 굉장히 安定되고 집 自體가 조용한 點 및 다른 잡다한 生活에서 벗어날 수 있는 點 等에서 공부하기에는 좋았던 것 같습니다.

○ 司會 : 대체로 女學生들은 어디서 공부하고 있는지 알고 있으면 말씀해 주십시요.

○ 全 : 他大學 여학생의 경우는 잘 모르겠고요. 저희 梨大의 경우는 대개 考試班研究室이나 學校 中央圖書館에 나가 공부하는 것 같습니다. 男子의 경우와는 달리 절이라든가 다른 데 방을 얻어서 공부하는 것은 힘들 것 같습니다.

○ 尹 : 저는 3學年 1學期까지는 主로 學校圖書館에서 공부했고, 그 後는 집에서 있었습니다. 절은 한 번 들어갔다가 體質이 안 맞는 것 같아 보름 만에 나왔습니다.

○ 安 : 저는 짧은 受驗기간이지만 受驗場所는 6,7군데 되는데, 처음에는 집에서 하다가 자꾸 놀게 되므로 절에 들어갔고, 절에서는 3個月만에 권태감을 느껴 下宿으로 轉向했는데, 下宿하던 時節에는 역시 권태감을 극복하기 爲해 2

個月 程度에 한 번씩 옮겼습니다. 特異했던 것은 試驗 直前 마지막 週間에 수유리 조용한 Hotel에 있었습니다. 저한테 제일 適合했던 것은 下宿집이 아니었던가 생각됩니다.

○ 司會 : 아주 짧지만 多樣하고 호화로왔군요(一同 웃음)
○ 安 : 물론 고생도 많이 했습니다.
○ 柳 : 저도 여러 군데 다녀보았지만 제일 좋았던 곳은 집이었던 것 같습니다. 法大生들을 좀 接해보자는 意味에서 절에 들어간 적도 있었는데 그러한 所己의 目的은 達成하지 못했지만 집에서 공부할 때 外面할 수 없던 여러가지 複雜한 問題들을 떠날 수 있어서 좋았으나, 눈이 나쁜 터이라 照明 問題가 신경 쓰이고, 그 以外에도 生活을 自己가 다 꾸려 나가야 되기 때문에 時間的인 面에서 損失이 많았던 것 같습니다. 집에서 할 때는 권태증 같은 것이 問題되어 2個月마다 房을 바꾸어 가면서 했습니다.
○ 安 : 저도 집에서 할 때는 一週日에 한 번씩 방을 바꾸었습니다.

○ 司會 : 똑같은 作業을 하니까 권태스러워서 그런 거죠. 柳聖秀氏 말씀에 法大生들을 接해 보기 위해 절로 갔다고 했는데 法大 出身 아닌 사람으로서는 매우 좋은 着想 같습니다. 그런 着想을 하게 된 動機는?
○ 柳 : 글쎄요, 공부를 하면서 내 自身 공부 方法이 과연 옳은 건지 하는 점이 궁금해지더군요. 그래서 法大圖書館에 들어가 보려고도 했으나 수위가 제지를 하기 때문에 절에 들어가게 된 겁니다. 절에서는 주지 스님께 特別히 부탁을 해서 法大生들과 함께 4명이 있어 보았지만 결국 큰 도움은 못 받고 또 술座席이나 자주 벌리게 되고 해서 넉 달 정도 있다가 내려왔습니다.

2. 1次試驗은 어떻게?

○ 司會 : 다음에는 1次試驗에 관해 이야기를 나누어 봅시다. 1次試驗의 問題

類型이나 水準은 이미 受驗生들이 仔細히 알고 있는 便이므로 그 이야기는 省略하고 初學者들이 고민하는 選擇科目問題에 關해 이야기해 보기로 하겠습니다. 各自 選擇한 科目은 무엇이며, 그것을 選擇한 理由는 무엇인지, 또 그 長短點 등을 이야기해 주십시오.

1) 選擇科目은 어떤 것이 유리한가?

○ 姜 : 在學時節 選擇科目으로서 가장 問題되었던 것이 第1選擇이었는데 저는 社會法을 選擇했습니다. 그 當時만 해도 社會法과 國際私法이 半半程度이었는데 最近에는 國際私法이 압도적으로 많고 社會法은 한 敎室에 10名이 넘을까 말까한 程度인데, 아마 이는 平均點數의 差, 공부해야할 量의 差, 그리고 法의 安定性 等의 理由인 것 같습니다. 選擇科目間의 點數均衡 같은 것이 必要하지 않을까 싶습니다. 第2選擇은 法哲學을 택했고, 語學은 獨語에 自信이 없다는 單純한 理由로 英語를 選擇했습니다.

○ **司會 : 이번에 國際私法 選擇은 2261명이고, 社會法 選擇은 385명이었습니다.**
○ 全 : 저는 國際私法·法哲學·英語를 選擇했습니다. 特別한 理由는 없었고 선배들의 忠告에 따랐습니다.
○ 尹 : 저도 國際私法·法哲學·英語를 選擇했습니다. 獨語 點數가 좋다고 해서 바꾸려 했습니다만 공부를 다시 해야 한다는 負擔 때문에 英語를 繼續 選擇했습니다.

○ **司會 : 法哲學 選擇은 2941명이고 平均點數도 가장 높군요.**
○ 安 : 저도 달리 할 말이 없고 尹선배님과 같습니다. 考試界에 실렸던 崔柄煜 敎授님의 司法試驗 길잡이가 選擇科目 決定에 도움이 되었습니다.
○ 柳 : 저도 國際私法·法哲學·英語를 擇했는데요, 事實 選擇科目이라 하지만

이제는 거의 모두가 그것을 택해 固定되다시피 되더군요.

　○ 盧 : 저는 考試界 統計資料를 檢討하고 다른 사람들과 똑같은 科目으로 決定했습니다.

　노무현 합격 수기는 다른 합격 수기와 매우 다르다.

　모두 각 과목을 어떻게 공부했는지 꼼꼼히 또는 대략적이라도 쓰는데, 무현이 합격 수기는 전혀 없다. 공부한 게 없어 쓸 게 없는 듯.

　고시 1차 시험에서 영어가 걸림돌이 되는 경우가 많다. 영어 어휘 1만 정도는 되어야 한다.

　명문대생도 영어 어휘 1만인 경우가 드물다. 어휘 늘리기가 얼마나 힘들고 시간이 걸리는 지는 영어 공부한 사람은 다 안다. 무현이는 거저 어휘가 늘어난 모양!

　무현이는 판사 시보 7개월 하다가 변호사 했는데 민형사 소송은 하지 않고 오로지 세무 상담만!

　벌이가 좋아 1981년에는 부산 오륙도 요트 클럽에 가입.

* 너무나 비교되는 합격 수기 *

　노무현과 비슷한 시기에 합격한 어느 중졸 합격자의 합격 수기는 노무현의 합격 수기와 너무나 대조적이다.

荊棘의 고개를 넘고

朴仁俊
- 제18회 사법시험 최고령 합격
- 1936. 4. 20 충북 보은중 졸업
- 제14회 보통고시 합격
- 문교부 행정주사보
- 변호사(청주시 수곡동 96-20)
- 전화 4-2000, 65-2662

序言

　사시에 합격하고 난 다음 여러 고시 잡지사로부터 합격기를 써달라는 부탁을 받았으나 '나도 합격기를 쓸 수 있을까'하는 생각에서 사뭇 거절하였습니다.
　통상 합격기라 하면 정규 과정을 거쳐 단시일 내에 합격을 따내는 소위 사시의 정도(正道)를 수험생들에게 공개함으로써 그들로 하여금 사시 준비 과정에서 참고로 하게 하는 것이라고 생각합니다. 그러나 이러한 길을 걷지 못한 나는 지난 날의 쓰라린 경험을 되새겨 나의 가슴 아픈 상처를 건드리고 싶지 않았기 때문에 신문·라디오·TV 또는 일반 잡지 등의 요청을 일체 거절하였으나 내가 외롭게 사시를 준비하는 동안 자료와 정보를 제공받는 등 등불이 되어 주었던「고시연구」의 청탁만은 끝내 거절할 수 없어 둔한 필치나마 이 글을 쓰기로 하였습니다.

　최근 사시 합격의 대열에는 독학도가 하나도 끼지 않았기 때문에 사시 준비생 중에는 독학하는 분이 없는 줄 알았는데 합격 이후 전국 각처에서 백 수십통의 편지를 받고 보니 준비생 중에는 적지 않게 독학도가 끼어 있다고 보아 나로 하여금 지난 날의 내 인생을 공개하기로 한 것이 또 하나의 이유입니다.

　그리고 차제에 나에 대한 과잉보도나 오보되었던 것은 이 글을 통해 정정하고 바로 잡자는 것도 그 이유로 추가할 수 있습니다.

司試를 택하게 된 動機

　사시를 택하게 된 동기를 말하려면 나의 어린 시절을 더듬지 않을 수 없다. 여덟살 쯤 되었을 때 돌아가신 아버님께서 송사문제(訟事問題)로 고난을 겪으신 것으로 짐작된다. 초 여름밤 반짝이는 별빛 아래 멍석을 펴놓고 온 가족이 모여 앉아 담소하는 가운데 아버지께서「인준이는 장래 판사가 되어야 한다」고 말씀하신 생각이 난다. 그러나 나를 판사로 만드시겠다던 아버님께서는 그 후 병환으로 몇 년을 고생하시다가 가산마저 다 탕진한 뒤 오늘의 이 열매를 보지 못하고 영영 저 세상으로 가시고 말았다.

　아버님 병환 때문에 국민학교도 가지 못했던 나는 집에서 틈틈이 한글과 한문 그리고 셈본을 공부하다가 아버님께서 작고하신 뒤 국민학교 4학년에 중도 입학하였다 그때 학교에서는 5학년 실력이 충분하니 5학년에 입학하라고 권하였으나 집안 형편상 중학교 진학이 불가능했으므로 국민학교나마 착실하게 졸업하겠다는 생각에서 4학년에 입학하고 말았다. 입학 후 큰 재를 넘는 10리 길을 마냥 즐거운 마음으로 다니던 중 일주일 쯤 되었을까 학교에서 실시하는 일제고사가 있었다. 이때 나는 평균 97점으로 전교 1등을 차지하는 경이를 낳았다. 학교 생활에 익숙하지도 못한 나를 교장 선생님께서 조회 시간에 불러 내세우시더니 극구 칭찬을 하신 뒤에 상장을 주셨다. 그때 그 기쁨을 나는 지금도 잊을 수가 없다.

어려운 처지였지만 어머님과 형님의 보살핌에 힘입어 예능 과목만을 제외하고 학과 성적은 항상 100점이었으므로 학교에서는 공부 잘하는 학생이란 별명까지 붙게 되었으며 내가 살던 소여 마을에서 10리가 되는 학교를 3년간 개근한 사람은 나 하나뿐이었다고 기억한다.

그러나 졸업기를 앞두고 다른 어린이들은 중학교에 진학을 하게 되어 기뻐 날뛰는데 반해 진학을 단념할 수 밖에 없던 나는 우울한 나날을 보내고 있었다.

그때 담임이었던 유재춘 선생님께서 비록 상급학교에 진학하지 못할지라도 일단 시험에 응해 달라고 말씀하셨다. 그래야 담임의 체면을 세울 수 있다는 것이었다. 나는 합격한 뒤 진학을 하지 못하면 더욱 괴롭기만 할 것 같아 울면서 선생님의 말씀을 거절하였었다. 그러나 담임선생님은 어머님을 학교로 불러 설득까지 했다.

그 당시는 연합고사(중학교 시험문제가 전국 동일)였기 때문에 담임 선생님의 권유도 이해가 된다. 난생 처음 버스를 타고 보은 중학교에 가서 시험을 보았다. 결과는 보은군에서 1위, 충북에서 4위를 하게 되니 이때 담임 선생님께서는 무척 기뻐하시며 입학 절차를 밟아주셨고 마노면장(馬老面長)과 절충, 구호 양곡을 받아 하숙비까지 해결해 주는 은총을 베풀어주셨다. 이렇게 하여 나는 생각조차 할 수 없었던 중학생활이 시작되었다.

중학교 재학시에는 소위 특대생으로 학비는 전액 면제를 받았으며 학원사 장학생 선발 시험에 뽑혀 장학금을 받게 되니 오히려 내가 집안 살림을 도와가며 공부할 수 있게 되었다. 중학 1년 때는 전국 중학교 학술 경시대회에서 충북 4위로 머물러 중앙 진출이 차단되었으나 2학년 때는 충북 대표로 중앙에 진출 전국 제4위를 차지하기도 했다.

그러나 3학년이 되자 원인도 모르게 현기증이 나고 미열이 나기 시작했다. 진찰을 받고 늑막염이라는 것을 알게 되었다. 이 무슨 청천벽력이란 말인가. 부득이 학교를 쉬면서 치료를 받게 되니 학업 성적은 떨어지고 고등학교 진학을 단념하지 않을 수 없게 되었다. 당시 이 병마만 아니었던들 학원 장학금으로 능히 고등학교를 마치고 대학까지 순탄하게 다닐 수 있었으리라고 믿는다.

중학교 특대생이었던 내가 병마로 인해 3개월 간이나 결석을 하게 되고 성적도 반에서 10위로 떨어져 상장하나 없이 졸업을 하고 말았다. 이것이 나의 학교 생활의 마지막이었다.

병이 치료되자 국민학교 은사님의 소개로 서울 모 개인병원에서의 조수생활이 시작되었다. 그때만 해도 실무를 익히며 의서(醫書)를 공부하여 의사 시험을 보자던 것이 나의 희망이었다. 그러나 의사 국가시험 제도가 바뀌어 의과 대학 졸업생에게만 응시 자격을 인정할 뿐 독학으로 의사가 되는 길이 막히고 말았다.

병원 생활을 계속하다가는 평생 병원 조수 신세를 면할 수 없다는 것이 나의 희망을 뒤흔들어 놓고 말았다. 한편 내가 있던 병원장의 자녀들은 모두 경기고·경기여고 학생이었는데 사람됨이 좋아 함께 고등학교 교과서를 놓고 토론하기 일쑤였다. 그러나 내 마음 한구석에는 언제나 이들과의 경쟁심이 도사려 지고 싶은 생각은 없었으나 의사가 되는 길이 영 막히게 되자 병원 생활에 싫증이 생겨 견디다 못해 서글픈 마음으로 하향하고 말았다.

하향 후에는 뜻을 바꿔 당시 4급(현재의 7급) 공무원 자격 시험인 보통고시 준비를 시작했다. 8개월 간의 준비 끝에 혹시나 하고 제14회 보통고시에 응시, 예상외로 합격을 하게 되었으며, 이렇게 되자 이 곳 산골에서 또 한번 내 이름을 날리게 되었다. 그러나 그때만 해도 정실이 난무하던 자유당 말기라서 공직 임용은 거의 불가능했다. 가정 형편으로 보아 취직을 해야겠는데 부르는 곳은 없고 실의에 빠져 허둥대던 중 제13회 고등고시 사법과 시험 시행공고가 나왔다.

이때 불현듯 돌아가신 아버님의 말씀이 되살아났다. "인준이는 판사가 되어야 한다…" 하시던 말씀, '그렇다! 내가 갈 길은 이 길이다. 아버님 말씀대로 판사가 되는 길로 가자.' 마음을 다져 먹고 당시 1차 시험과목인 헌법·민법·형법을 파고들었다. 책도 제대로 구비하지 않은 채 2개월 간의 맹공으로 1차 합격을 따내는 개가를 올렸다. 이렇게 되자 내 심정은(좀 실례되는 말이지만) '대학생들도 별 것이 아니구나'라는 자만심으로 가득 차 있었다.

"그렇다! 하자, 하면 된다."라는 각오로 나의 신분에 대한 보은 군수의 추천서와 보통고시 합격증을 가지고 고학의 길로 떠났다.

고학(苦學)의 길은 형극(荊棘)의 길, 갖가지 모욕과 희롱을 당하기도 했다. 물건을 팔기 위해 가가호호를 방문하는 나를 걸인 취급하는 것은 일쑤고 같은 나이의 남녀 학생으로부터 희;롱을 받고 맞붙어 싸우기도 했다. 순박한 시골 출신의 아저씨로부터 분에 넘치는 융숭한 대접을 받던 일, 또 시골 할아버지의 요청에 따라 막걸리를 사서 대접하던 일, 모두가 기억에 새롭기만 하다.

이럭저럭 고학으로 모은 돈으로 사법시험에 필요한 책을 대충 구비할 수가 있었다. 이러던 중 4·19와 5·16 혁명이 나고 혁명 정부의 재무부에서 보통고시 합격자 등록 통지가 왔다. 형님, 동네 어른들과 상의한 끝에 짐을 꾸려 상경했다. 그러나 소정 교육을 마치면 일선 세무서로 배치한다는 것이 당시만 해도 시골에서는 밀조주가 성행, 이를 적발하는 세리(稅吏)에 대한 감정이 좋지 않았기 때문에 문교부의 부름도 있는 터라 나는 재무부 교육을 포기하고 문교부로 가기로 결심했다. 문교부 총무과 인사계, 여기서 나의 관직 생활의 첫발이 시작되었다. 근무를 하면서 틈틈이 책을 보았으나 사시 합격까지에는 요원하다는 생각이 들었다.

이때 상사들은 내가 사시 준비를 한다는 것을 알고 담당 업무를 적게 해주었으며 동료 직원들도 많은 협조를 해주었다. 그러나 날이 갈수록 찾아오는 손님이 많아 시간을 빼앗기게 되었다. 이렇게 되자 직장생활과 사시 준비의 병행은 불가능하다는 생각이 들어 나는 양자의 갈등 속에서 고민하게 되었다.

어느 날 시골에서 오신 형님과 같이 영화 구경을 갔다. "저 하늘에도 슬픔이"라는 영화였다. 주인공 윤복 군의 처지가 어찌나 나와 비교가 되는지 매정한 나의 눈에는 눈물이 고이기 시작했다. 급기야는 만사 제폐하고 말았다. 당시 나의 퇴직에 대해 남아라면 기어이 목적 달성을 해야 한다고 찬성하는 동료는 두 사람 뿐, 대부분의 동료들은 문교부 인사계, 이 자리가 어떤 자리인데 경솔하게 퇴직을 하느냐고 만류하는 것이 아닌가. 그때만 해도 취직난이 심했기 때문이었으리라.

소문에 의하면 그때의 동료들은 지금 서기관 또는 사무관으로 복무하고 있다는 것이다. 나는 이제 사시에 합격을 하였으니 내 인생을 위하여 어느 길이 현명했던가, 국가와 사회에 봉사할 수 있는 길은 어느 것이었던가 생각하게 된다. 그러나 아직 결론을 내리기는 빠르다고 생각한다.

本格적인 투쟁

문교부 재직시에 어느 정도의 기초 공부는 되어 있었고 그때만 해도 사시가 1년에 2회 실시되었으므로 늦어도 3년 내에 합격하겠다는 생각을 가졌었다. 그러나 사시는 역시 나에게 난관이었던가 보다. 연 2회 실시하던 사시가 1회로 줄어들고 설상가상으로 제도가 바뀌어 1차 시험에 선택 과목 2과목이 부과되어 청천벽력이 아닐 수 없었다. 공연히 퇴직을 하였구나 하는 후회감마저 들었다. 그러나 기필코 합격해야 한다. 그리고 여력이 있다면 행시도 합격할 생각으로 선택 과목은 영어·정치학·행정학으로 결정하였다. 그러나 영어는 나에게 난공불락인 것만 같았다. 중학교 1학년 교과서부터 시작하여 매일 1시간씩 영어공부를 하니 차차 재미도 붙고, 하면 되겠다는 자신이 생겼다. 고등학교 교과서를 어느 정도 읽은 뒤 영자 신문 10여 매를 구하여 모르는 단어를 찾아 단어장을 만들고 시사 영어를 읽었다. 그리하여 1차 시험은 무난히 합격을 따낼 수 있었다.

그러나 이때 뜻하지 않던 경제적 파탄으로 부득이 사시를 포기하지 않을 수 없게 되었다. 퇴직 후 경제적인 부담을 일체 형님에게 지우고 있던 나는 집안 경제 사정이 어떻게 되는지도 몰랐는데 형님께서는 나에게 곤궁함을 보이지 않으려고 채무를 져가며 나의 하숙비를 감당해 나가고 계셨던 것이 급기야 수습할 수 없는 지경에 이르게 되었던 것이다.

모든 책임은 나에게 있다는 자책감 때문에 눈물을 머금고 상경, 선후책을 강구하려 했으나 방안이 서지 않았다. 같이 있던 문교부 친구들에게 누를 끼치기 싫어 부산이나 대전에 가서 경제적인 성공을 해보려고 조치원행 열차를 탔다. 초조함과 무기력에 지쳐 하염없이 고개를 떨구고 있던 중 우연히 중학교 동기인 조성훈 군(현 대한 적십자사 충북지부 사무국장)을 만났다. 목적지에서 하차 저녁 식사를 같이하던 중 나의 감춰진 수심어린 표정이 비쳤던지 성훈 군의 나의 근황에 대한 끈질긴 추궁에 그만 자초지종을 털어놓고 말았다. 한동안 아무 말없이 묵묵히 듣고 있던 성훈 군은 목적 달성을 할 때까지 경제적인 뒷받침을 제의하였다. 묵묵했던 나는 성훈 군의 이 제의를 거절했다. 그러나 성훈 군은 나를 떠나지도 못하게 하고 같이 자면서 "어려운 때에 친구를 도와 준다는 것이 무엇이 잘못이냐"면서 강요하다시피 했다. 이 각박한 세상에 아무리 친구 간이라지만 다같이 삶에 허덕이면서 이런 일을 할 수 있을까 싶어 나의 눈에는 눈물이 고이기 시작하였다.

성훈 군은 즉시 형님이 부담해야 할 채무와 나의 학자금을 떠맡기로 약속하고 나는 바로 고향으로 와서 수험생활을 계속하였다. 뒤에 안 일이지만 그 외 몇몇 동기들도 성훈 군을 통해 힘을 보태주었다는 것이다. 이리하여 친구들의 성원 아래 괴로움 없이 공부를 하였으나 거듭 몇 번을 실패하고 보니 나의 책임은 점점 무거워지고 이제 친구들을 볼 면목 조차 없어지고 말았다.

그러자 나와 같이 공부하고 있던 M(현 K 지원 판사)은 사시에 합격하는 영광을 차지했다. M 판사는 혼자서 합격한 것을 지극히 미안해 하면서 나의 형편을 아는 지라 지금 내 아내와의 중매를 제의해 왔으나 나는 망설여졌다. 지금의 내 처지를 알고 고생을 자청하며 역경을 이겨나갈 수 있는 여자라면 순경(順境)에서 얼마나 복된 생을 영위할 수 있을 것인가 싶은 생각에서 M판사의 제의를 수락하였다. 그녀를 만나 나의 지난 날과 현재의 처지를 말했음에도 불구하고 일생을 같이 할 각오가 서 있다고 말하는 아내와 결혼한지도 벌써 7년여의 세월이 흘렀다. 그동안 뚜렷한 표적이라면 아이 남매를 둔 것이리라.

그동안 아내의 생활고는 이루 말할 수 없었다. 어찌 필설로 다 표현하랴!

지금까지 나의 사시(司試) 역정을 더듬어 보려고 해도 너무 오랜 세월이 흘렀기 때문에 기억이 잘 나지 않는다. 다만 억울한 것은 몇 년 전 사법시험의 개정으로 정원 80명을 모집한 때가 두 번 있었다. 이보다 앞서의 석차를 보면 거듭 두 번이나 67위·65위를 하였기 때문에 80명 안에 당연히 끼어야 할 것이지만 내가 평소에 72점·69점 등 65점 이하를 맞아 본 예가 없는 행정법에서 연달아 47점·48점을 맞게 되어 고배를 마셨던 일은 지금도 생각하면 가슴 아픈 일이다. 내가 좋아하는 행정법으로 이렇게 패하다니 실력 제일이라던 나의 신념은 흔들리기 시작했고 시험에도 역시 운이 작용하는가 보다라고 나의 마음을 약하게 만들기도 했다.

  18회 사시에 있어서는 행정법의 행정주체에 대한 사인(私人)의 법적 지위와 형소법의 피의자 보전(被疑者保全)이라는 문제를 받고 눈앞이 캄캄하였다. 이것은 책에서 전혀 보지 못하였던 생소한 문제인데 이것을 만일 어느 대학에서 강의를 했다면 나는 도저히 합격할 수 없다고 생각되었다. 제의(題意)조차도 파악할 수 없어 10여 분을 멍하니 앉아 있었다. 생각다 못해 행정법과 형소법 책 전부의 제목을 더듬어 가며 이것 저것 관련 문제를 들추어 답안 구상을 하니 내 나름대로 될 것 같기에 써내려 가기 시작했다. 합격자들의 좌담회 때에도 이 문제가 많이 논의 되었는데 역시 골탕을 먹은 수험생들이 많은 것 같았다. 그러나 나는 의외에도 이 두 문제에 대한 점수가 좋아서 반사적인 이익을 본 것으로 생각된다.

드리고 싶은 말

  「고시연구(76년 6월호)」 좌담회에서 말한 바와 같이 14전 15기라고 신어를 낳게 한 주제인데 무슨 조언의 말씀이 있을까마는 나름대로 다음과 같은 가장 평범한 말을 하고 싶다.

(1) 자기 평가를 완전히 하라

  지금은 적성 검사 같은 제도가 있기 때문에 어느 정도 과학적으로 자기의 능력과 적성을 측정할 수 있겠지만 공연한 명예욕이나 허영심에 사로잡혀 경솔히 도전하였다가 일생을 망치는 일을 하지 않았으면 한다. 내 나이 40에 사시에 합격하였으나 자신을 위하여 얼마나 득이 되며 국가나 사회를 위하여 얼마나 봉사할 수 있단 말인가? 사시는 결코 굴러들어 오는 것이 아니다. 사람은 모두가 자기의 활동 분야에 충실하면 되는 것이니 오르지 못할 나무는 쳐다보지 않는 것이 좋으리라. 나는 적성이 이공계인데 독학도의 길이 막혔기 때문에 사시를 택한 것이며 그렇기 때문에 고전을 면치 못한 것이라고 판단한다.

(2) 사시 정복을 위한 기초 조건

형설지공의 시대는 이미 지난 것 같다. 사시 정복을 위해서는 첫째, 두뇌도 좋아야 하지만 이에 못지않게 경제적인 조건과 건강이 구비돼야할 줄로 안다. 경제 조건과 건강은 서로 병행하는 것이다. 영양실조에 걸린 자가 어찌 건강할 수 있단 말인가? 정신적인 에너지 소모는 육체적인 것보다 더 큰 것이니 영양 관리·소화 장애 극복·운동·운동·취침 시간 등 규칙적인 생활을 해야지 중도에 쓰러지면 시작을 아니함만 같지 못하리라.

(3) 사시는 전쟁이다

임전 태세를 갖춘 이상 끝까지 싸워라. 전쟁은 어떠한 일이 있더라도 승리해야 한다. 패자의 쓰라림은 겪어본 자만이 알리라. 패자가 그 패인을 심사 분석하여 재무장하는 것은 있을 수 있지만 변명은 금물이라고 생각한다. 오직 승자만이 큰소리 칠 수 있지 않을까.

(4) 기도의 중요성

나는 교인이 아니다(앞으로 기독교에 귀의하련다). 신이 있는지 조

차 알 수 없다. 그러나 온 가족이 오직 사시만을 위하여 경건한 마음
으로 기도를 드릴 때(냉수를 떠 놓고 기도를 드리는 것도 마찬가지 일
것임) 수험생이 비록 교인이 아닐지라도 어찌 한 눈을 팔 수 있을까.

(5) 차선의 방법을 택하라

전쟁에서 패할 확률이 농후하다면 무모하게 피만 흘리는 것은 어
리석은 일이다. 승리의 가능성이 없을 땐 무조건 항복하고 차선의
방법을 택하는 것이 현명하지 않을까. 사시가 인생의 전부는 아니므
로 공연히 주위의 체면을 생각하거나 혹시나 되지 않을까 하는 생각
에서 책을 붙잡고 세월을 허송해서야 되겠는가?

차선의 방법을 택하는 가장 중요한 참고 자료는 오직 객관적인 평
가인 자신의 시험 점수라고 생각한다. 남들은 오직 2차 시험 준비
에 골몰하고 있는데 1차 시험만을 위해 3~4년간 세월을 보내는 자
가 사시에 합격할 수 있겠는가. 2차 시험 역시 마찬가지이다. 적어
도 5~6회 2차 시험에 응시하여 과락이 거듭 나온다든지 언제나 중
위 정도를 상회하지 못한다면 포기하는 것이 현명할 것이다. 내 경
우 1차 시험에 실패한 일은 한 번도 없으며 본격적인 사시 준비를 한
뒤부터는 석차 200위 이하가 된 예는 없다(한번 형법 과락이 있었던
것을 제외하고).

(6) 교과서 선택

내가 사는 곳이 벽촌이며 독학도로서 선배님들의 지도를 받아 본
일이 없기 때문에 기본서 선택에 골치를 앓았다. 고시 잡지에 실리
는 고시생들의 좌담회나 합격기 등을 참고하는 것이 좋다고 본다.

(7) 공부 방법론

최고령으로 합격한 주제에 무슨 할 말이 있겠는가. 정규 대학을 나오고 단시일 내에 합격한 자들의 방법론을 참조하되 학문에 정도는 없으니 자기에게 편리하도록 하고 문제 위주의 공부를 하지 말라고 권하고 싶다. 특히 요즈음 출제 경향을 보면 어떠한 교과서든지 처음부터 끝까지 읽는 것이 좋지 않을까 한다.

(8) 잡지 활용

대학 강의를 받지 못한 나에게 법률 잡지는 유일한 시험 지침서가 되었다. 교과서를 아무리 통독하더라도 책을 읽다 보면 저절로 나도 모르게 중요 문제가 떠오르게 된다. 그러나 법률 잡지에서 논의되는 것은 학계에서 모두 중요성이나 논점이 있기 때문이니 각 논문을 교과서와 비교하며 하나의 책을 만들어 참고하는 것이 좋으리라 생각한다. 잡지는 마음에 맞는 것을 택하되 구판까지 구비해 두는 것이 좋을 것이다.

(9) 답안 작성 요령

역시 최고득점자나 단시일 내에 합격한 자들의 요령을 참조하라. 다만 내가 권하고 싶은 것은 결코 시간 소모가 아니니 가급적이면 1일 1문씩 문제 작성을 하라는 것이다(나도 완전한 실천은 못하였음). 특히 나와 같이 글씨를 잘 못 쓰는 사람들은 글씨가 느는데도 도움이 될 줄로 믿는다. 그리고 시험에서 도중 하차를 하는 자들이 많은데 이러한 정신으로 사시 정복을 할 수 있을런지 지극히 의심이 간다. 비록 전 과목이 꽐가이 될지언정 최후까지 성실히 도전하는 자세가 현명하지 않을런지? 시험에는 기술도 필요하므로 다음의 응시를 위한 경험을 쌓기 위해서 말이다. 그리고 흔히 의외의 문제가 나왔다고 하는 예가 있는데(나도 마찬가지임) 어떠한 문제가 나와도 교과서에 없는 것이 나올 수는 없으니 책 전체를 조감하고 자기의 있는 지식을 총동원하여 활용하면 결코 과락은 나오지 않으리라고 확신한다.

맺음

이상 두서없이 지난 날의 고달픈 경험을 나열해 보았다. 근래 몇 회를 두고서도 최고령으로 합격한 나로서 부끄러우면 부끄러웠지 결코 자랑거리가 되지 못하는 데 전국 각처에서(제주도 제외) 축전이 답지하고 신문·라디오·TV 등에서 이에 대한 보도를 하고 있으며 또 고향에서는 국민학교·중학교 동기생들 그리고 이곳 소여 마을에서 환영회가 벌어졌으니 처신을 어떻게 처신을 해야 좋을지 모르겠다. 지금까지 나를 아껴주시고 길러주신 주위의 여러 어른들, 중학교·국민학교 동기 여러분들의 정성어린 보살핌은 결코 잊지 않으련다. 앞으로 이제부터 새출발이라는 각오 아래 결코 나 개인을 위한 모나고 반짝이는 수정이나 차돌이 되지 않고 이 사회가 요구하는 찰흙이 되고 썩어 없어지는 밀알이 될 것을 다짐하며 이만 줄인다.

*　　　　*　　　　*

다섯번째 이야기

노건평의 삶

다섯번째 이야기
노건평의 삶

김해군 생리면 사촌리 145번지에서 출생.

이는 노무현이 김해군 진영읍 본산리 봉하(峰下) 마을에서 태어난 것과 다르다. 노무현 집이 이사하지 않은 것으로 보아 노건평의 출생지는 특이하다. 노무현과 생김새도 조금도 닮지 않았다. 이름에 돌림자도 쓰지 않았다. 출생의 비밀이 있는가?

1969년 3월부터 5급을(9급) 세무직으로 공무원 생활을 시작했다. 시험을 통해서 공무원이 된 것은 아니다.

세무공무원이 되어 소득은 어떠했는가? 노건평의 2002년 《월간중앙》과의 인터뷰에서 수입 상황을 알 수 있다.

질문 유력한 대선 후보의 부모 묘자리는 관심과 함께 구설수의 대상이 됩니다. 어떻게 관리하고 있습니까?

"집안의 장남으로서 평생 고생만 하다 돌아가신 부모님 묘소를 잘 좀 써보려고 노력했습니다. 아버님이 돌아가시고 동생 몰래 석재를 300만원 어치 사다 단장하려고 했어요. 그런데 동생이 그걸 알고 절대 안된다고 합니다. 두 분 묘터라고 해봐야 30평 남짓한 공간이고, 제가 석재를 사기는 했지만 작업은 포크레인을 직접 몰고 혼자 힘으로 다 하려고 했어요. 동생이 안된다고 하니 어떡합니까. 묘의 도 너무 크니 줄이라는 겁니다.
올라가 보시면 알겠지만 그 면적은 평범한 부부묘와 하나도 다를 것이 없습니다. 석재를 한 100만원 어치만 써서 아쉬운 대로 만들어 놓고, 반품도 안되는 나머지 석재의 일부는 땅에 묻고 일부는 묘 옆에 방치해 두었지요. 그래서 묘 주변이 다소 어수선해 보입니다."

노판석은 무현이가 사법연수원 시절인 1976년 사망했다. 묘를 만들려 석재를 300만 원 어치 사려 했다고 하는데, 이때 300만 원이면 서울에서도 35평 정도의 단독 주택을 살 수 있었다. 실제로 산 석재는 한 100만 어치라고 하는데 참인지 거짓인지 알 수 없다. 당시로서 묘자리 만드는데 거액을 쓴 것이다.

노건평의 수입이 아주 좋았던 것은 무현이 말에서도 잘 드러난다. 『운명이다』에 이런 구절이 있다.

이 시기 공부 뒷바라지는 작은 형님이 해주었다. 아버님은 뇌출혈이 와서 건강이 좋지 않으셨다. 귀도 어둡고 눈도 어둡고, 걸음도 바르지 못하셨다. 연로하신 부모님을 모시는 것부터 내 책값과 용돈, 건호 우윳값까지 어느 것 하나 빼놓지 않고 모두 다 작은 형님이 보살펴 주었다. 큰형님이 돌아가신 후에는 달리 기댈 언덕이 없었다. 작은 형님은 한마디 불평도 없이 그 모든 일을 했고, 머리 좋은 막내가 반드시 고시에 합격할 것이라고 믿었다. 그때는 그가 아버지나 다름 없었다.

1977년 4월 30일~1978년 6월 19일 사이 부산지방국세청의 경상남도 마산세무서 동마산지서 행정주사보(현재의 7급)였다.

첫 결혼은 1974년 9월 12일 오명례(吳明禮)와 혼인 신고.
이때 오명례는 26세. 오명례는 1976년 4월 2일 교통사고로 사망. 그런데 노건평과 오명례 사이에 1녀 1남. 노지연(盧志姸)은 1973년 7월 29일생으로, 노상욱(盧尙煜)은 1974년 6월 23일 출생한 것으로 기록되어 있다. 호적대로라면 결혼 기간이 1년 7개월이니 두 아이를 낳는 것은 불가능이다. 장녀 노지연의 출생일이나 혼인 신고가 실제와 다른 듯하다.

1977년 12월 25일 20세의 오순정(吳順貞)과 재혼하여 딸 노현지(盧炫知)를 낳았다. 오순정은 1957년 11월 5일 경남 진주시 동성동에서 출생. 그런데 노건평은 오순정의 모친과 세무 문제로 잘 아는 사이였다.

8년간 재직하다가 1977년 마산세무서에서 근무하던 중 뇌물 수수가 드러났다.

東마산 세무서에서 근무하던 1975년 7월 황 모씨(오순정의 모친이라고 함)로부터 부동산 투기 억제세가 부과되지 않도록 해달라는 청탁과 더불어 40만 원을 받았는데 1978년 4월 드러나 검찰에 구속되었다.

출소 후 이름을 노건창으로 개명하였다.

노건평은 2002년 《월간중앙》과의 인터뷰에서 뇌물수수를 이렇게 해명했다.

질문 세무서를 그만둘 때의 상황이 구설수에 올랐습니다. 부정한 사건에 연루됐다는 의혹 제기는 사실입니까?

"그 문제는 우리 가족의 피눈물나는 얘기와 연관돼 있습니다. 내가 그 얘기를 털어놓는 것이 적절한 것인가에 대해 판단을 내리지 못하고 있습니다. 기본적으로는 개인의 프라이버시와 관련돼 있는 것이고, 꼭 필요한 시점이 오면 털어놓을 수도 있을 것 같습니다. 지금은 아니라고 생각합니다."

뭘 모르는 사람이 읽다 보면 억울한 사정이 있는 것처럼 들린다. 인터뷰 전체가 노회(老獪)한 세무공무원 출신다운 답변이다.

노건평은 1979년 오순정과 합의이혼.

노건평은 1983년 1월 14일 1957년생인 민미영(閔美迎)과 세 번째 결혼한 것으로 되어 있다. 혼인신고를 이때 한 것이다. 그리고 민미영이 낳은 여아 노희정(盧希正)의 출생신고도 같이 했다. 1981년 9월생으로 되어 있다. 그런데 민미영 첫째 남동생 민경찬은 나중에 노무현과 법률상의 형수인 민미영의 관계에 대한 소문이 돌자 "대통령(노무현)이 변호사 사무실을 개업할 즈음 누나와 자형(姉兄 : 노건평)이 결혼했다"고 해명했다. 이 말대로라면 노건평은 1978년 민미영과 사실혼 관계가 되었다. 노건평은 이때 교도소에 있었고 두 번째 처와 결혼 상태였다.

민미영은 S여상을 나와 사무 보조원으로 노무현의 변호사 사무실에 채용되었다. 취업 시기는 1978년 5월 이후에서 1980년 초이다. 민미영은 얼굴이 곱상하고 피부도 고왔는데, 어려서 소아마비로 한쪽 다리를 약간 절었다.

민미영은 경남 창원군 창원면 서상리에서 출생하여 결혼식도 없었고 결혼 사진도 없다.

혼인신고 이후 민미영 혼자서 주민등록지를 네 차례 옮긴 것으로 주민등록등본에 나온다.

경남 김해군 진영읍 본산리 38번지.
1989년 1월 31일 경남 창원시 서상동 359-1로 옮김.
1990년 4월 17일 다시 김해군 진영읍 본산리 38 번지로 이전.
1992년 4월 5일 경남 거제군 일운면 망치리 49-1로 이전.
1993년 2월 27일 다시 김해시로 이전.

이때 딸 노희정도 함께 이전하였고 이때 노희정은 호적상 나이는 8살이었다. 즉 81년생으로 호적에 등재하였다.

노희정이 태어난지 2년 지나서 혼인 신고했다는 말이 된다.

노희정은 신라대학교 성악과에 다니다가 3학년 때인 2003년 자퇴하였다.

민미영의 남동생 민경찬은 1990년대에 노무현을 '姊兄'이라 부르고 다녔다.

민미영과의 혼인신고 후 노건평은 자기 명의의 땅(등기부 등본상, 경남 거제시 일운면 구조라리 710번지)을 법률상 처남 민상철 명의로 근저당 설정한 후 넘겨 주었다.

탐관오리 노건평은 《월간중앙》과의 인터뷰를 이렇게 끝맺는다.

질문 요즘 연일 신문을 장식하는 뉴스는 대통령 일가의 비리 문제입니다. 권력을 잡으면 친인척의 팔자도 활짝 피는 모양입니다. 유력 후보의 친형으로 주변 관리를 정말 잘해야 할 것 같습니다.

"우리 어머님은 봉화산 봉화사에서 정말 치성을 열심히 드렸습니다. 맑은 물 떠놓고 어머니가 드린 생전의 치성을 생각하면 동생이나 내가 더러운 짓에 손을 담글 수는 없을 것입니다. 내가 동생 다른 것은 안 믿어도 '양심' 하나는 믿습니다. 어머니를 생각하면 동생도 나도 그렇게 할 수는 없습니다. 동생 대통령 돼도 나는 고향 땅 소로 늙어 죽을 것입니다."

노건평은 2002년 12월 노무현이 대통령에 당선되자 실력 발휘를 했다.

2003년
1월: 인사개입설로 구설수에 오름.
9월, 10월: 대통령 친인척비리에 대한 국회 정무위원회의 국정감사에 증인으로 채택되었으나 출석하지 않아 국회에서의 증언·감정 등에 관한 법률 위반 혐의로 벌금 200만 원에 약식기소됐다가 정식 재판에 회부되었다.

2004년
2월: 조선일보와 재산권 분쟁 관계에 있는 방재선(방응모의 아들)과 4회 이상 만났다는 의혹을 추궁받았다.

2월 19일: 서울중앙지검 형사3부로부터 2003년의 국정감사에서 증인으로 채택됐으나 출석하지 않은 혐의(국회 증언·감정법 위반)로 벌금 2백만원에 약식기소했다고 밝혔다.

4월: 검찰이 '민경찬 펀드 의혹'을 수사하는 과정에서 대우건설 사장 남상국으로부터 "사장직을 연임할 수 있도록 힘써달라"는 청탁과 함께 3천만 원을 수수한 혐의로 불구속 기소되었다.

5월: 경남도 창원에 있는 창원지법 법정에 출두하는 과정에서 법원의 제지를 묵살하고 피고인 출입문이 아닌 판사와 법관들이 출입하는 전용출입문으로 법정에 출입하여 물의를 빚고 비판을 받았다.

7월: 2003년 10월에 회부된 재판에서 징역 1년이 구형된 후 집행유예 2년을 선고받았다.

자신은 대우건설 남상국 사장 사건과는 무관하고 조작되었다고 주장했다. 남상국의 대우건설 사장의 연임이 무산된 뒤 그 돈을 돌려준 것이 알려졌다.

경남도 김해의 정원토건을 인수하여 운영하였다.

2006년

1월: 김해 태광실업 땅을 시세보다 싸게 매입해 공장을 지어 되팔고서 차액 가운데 13억 8천만원을 사용한 혐의로 기소됐다. 2심 재판부는 건평 씨가 차액을 횡령해 회사자금을 개인용도로 쓴 혐의는 유죄라고 판단했다. 그러나 매출이 거의 없는 회사여서 실제 피해는 크지 않은 점을 감안해 집행유예를 선고.

대법원 1부(주심 김소영 대법관)는 횡령과 변호사법 위반 혐의에 대해 징역 2년과 집행유예 3년을 선고한 원심을 확정했다. 변호사법 위반 혐의는 공범이 무죄를 받은 데다 공소시효가 지났다는 이유로 원심과 마찬가지로 면소 판결.

2008년
12월 4일: 정화삼, 박연차 등에게서 뇌물을 수수한 것과 2006년 1월 세종캐피탈이 농협에 세종증권을 매각하도록 도와주고 세종캐피탈 측으로부터 29억6300만원을 받은 일로 특가법상 알선수재 혐의로 구속.

2010년
1월 8일: 세종증권 비리 사건 관련자 무죄 판결
1월 14일: 노건평 세종증권 비리 관련 유죄
8월 14일: 8.15 대통령 특별사면
【이명박과 노무현 사이에는 밀약이 있었다.
이때 노건평 등의 사면안을 법무부 외부심사위원들 대다수가 반대했다. 징역 2년 6개월을 선고받았는데, 형기의 3분의 2를 채워야 형집행면제 대상에 올린다는 일반적인 기준에 맞지 않는 결정이었다. 한 외부 심사위원은 "이 사면은 국민의 호응도 받지 못하고, 결국 사면에 관여한 모든 사람이 비난의 대상이 될 것이다"라고 발언했다.】

노건평은 각종 논란 거리가 많았다.

▶ 주변 계좌 뭉칫돈

2012년 5월 18일, 창원지검은 노건평의 자금관리인으로 추정되는 주변인의 계좌에서 수백억대의 뭉칫돈이 발견돼 확인 중이라고 밝혔으며, 자금관리인으로 지목된 박영재 씨의 의심스러운 돈거래 내역이 너무 많아 이를 일일이 다 파악하기까지 상당한 시간이 걸릴 것이라고 밝혔다.

▶ 한려해상 거주자 서류 날조 및 투기 의혹

1998년 경남 거제시 한려해상국립공원 내 원주민인 것처럼 주택신축허가 신청서류를 작성해 국립공원관리공단측에 제출, 허가를 취득한 뒤 해당 국립공원 내에 두 채의 주택을 신축했다. 국립공원 내 주택 신축은 원주민의 실제 거주 목적이어야 가능하며, 외지인의 경우 해당 주택으로 이사 와서 거주하려는 목적이 아닐 경우 허가받기 어렵다. 또한 일반인이 국립공원 내에 별장을 신축, 사용하는 행위는 현행법상 허용되지 않는다.

그러나 건축허가 신청-승인 절차를 밟을 무렵인 1998~2001년 노건평의 주민등록상 주소는 경남 김해시 진영읍 본산리였다. 노건평이 당시 실제로 거주하고 있던 곳이 김해 진영이었다는 점은 수차례에 걸친 본인의 언론 인터뷰를 통해서도 사실로 확인된 바 있다.

노건평은 건축허가 신축 신청 서류에 본인을 거제도 주민으로 기록했지만 실제로 그는 거제도 주민이 아니었다. 노건평은 거제에 2채의 주택을 지은 후에도 주로 진영에 거주했다.

노건평의 서류상의 처 민미영도 같은 시기(1998~2001년) 노씨의 두 집에서 수십여m밖에 떨어지지 않은 거제도 국립공원 내 주택용지를 사들여, 근린생활시설로 형질 변경 허가를 받은 뒤 이땅에다 커피숍을 신축했다. 노건평과 민미영은 이들 주택 두 채와 커피숍을 포함해 국립공원 내 구조라리 일대에 총 12필지 2,132평을 소유하고 있었던 것으로 드러났다.

대선 당시엔 노건평, 민미영은 거제도에 주택 1채와 커피숍 1곳을 조성한 것으로만 알려졌었다. 등기부등본에 따르면 노건평 일가는 2002년 5월 두 주택을 제3자에게 매각했다. 비슷한 시기 대부분의 땅도 함께 매각했다. 민미영은 2003년 2월 25일 커피숍을 제3자에게 매각했다.

2003년 6월 18일 한나라당 김문수 국회의원은 경남 거제시 구조라리 한려해상국립공원 내 별장 2채와 카페의 특혜 건축을 허가한 장본인은 노무현의 고교후배인 당시 김모 한려해상국립공원 거제분소장이라는 의혹을 제기했다.

▶ 세종증권 매각 비리 개입

2008년 11월 19일 대검찰청 중앙수사부(박용석 검사장)는 세종캐피탈 사무실 등 5~6곳을 압수수색하며 포문을 연 지 불과 일주일 만에 청와대 전 행정관의 연루 사실까지 밝혀지면서 수사는 매우 빠른 속도로 진행되었다.

세종증권 매각 비리에 개입대상자의 한 사람으로 지목되어 수사선

상에 올랐다. 세종캐피탈 홍기옥 대표(구속)는 노씨와 정대근 당시 농협 회장, 정화삼 전 대표 형제 등을 상대로 '전방위 로비'를 했다.

검찰에 따르면 홍 대표는 정씨 형제에게 접근해 "농협 정 회장과 연결해달라"고 부탁을 했고 2005년 6월 정씨 형제 소개로 노씨를 만나 인수 관련 청탁을 했다는 것이다. 범죄사실에 따르면 노건평은 2005년 초 김해시 진영읍 자신의 집에서 고향 후배인 정광용씨를 통해 세종캐피탈 홍기옥 사장을 소개받았다. 이 자리에서 홍 사장은 "세종캐피탈 자회사인 세종증권(현 NH투자증권) 매각을 추진하고 있는데, 농협중앙회에서 인수하려 하니 농협중앙회 정대근 회장에게 부탁해 인수를 도와달라"는 부탁을 했다.

노건평은 정 전 회장에게 전화를 걸어 "말 좀 들어보라"며 매각 과정에 개입한 사실을 언론 인터뷰에서 시인했다. 그해 12월 22일 대검찰청 중앙수사부(박용석 검사장)는 22일 농협의 세종증권 인수 및 휴켐스 매각 비리와 관련 박연차 태광실업 회장, 고교동기인 정화삼씨 형제 등과 함께 구속기소되었다.

노건평은 2005~2006년 정씨 형제와 공모해 세종증권이 농협에 매각되도록 정 전 회장에게 청탁하고, 인수가 성사되자 세종캐피탈 홍 사장으로부터 29억6천300만원을 받은 혐의(특정경제범죄가중처벌법상 알선수재)로 기소됐다.

상고했지만 2010년 1월 14일 대법원 제3부(주심 신영철 대법관)는 농협이 세종증권을 인수토록 알선한 대가로 수십 억 원을 받아 특정경제가중처벌법상 알선수재 혐의 등으로 기소된 건평씨에 대한 상고를 기각하고 징역 2년 6개월에 추징금 3억 원을 선고한 원심을 확정했다.

▸ 회사 자금 횡령혐의

정원토건을 운영하면서 법인세 등 3억 8천만원과 아들에게 회사 주식 1만주를 증여하면서 증여세 1억 4천만원을 포탈하고, 회삿돈 15억원을 빼돌려 리얼아이디테크놀러지 주식 매수 및 토지 구입에 사용한 혐의도 받았다.

▸ 대우건설 남상국 사장

노건평은 남상국 대우건설 사장으로부터 연임 대가로 3천만원을 받았다. 이에 당시 현직 대통령 노무현이 대국민 방송에서 남상국 사장을 직접 지목하며, "좋은 학교 나오신 분이 시골에 있는 촌부(노건평을 지칭함)에게 가서 머리 조아리고 그러면 안된다"라고 공개적으로 비판하였다. 이 공개 비판 직후 남상국 사장은 한강으로 가서 투신자살하였다. 훗날 노무현은 자서전에서 남상국의 죽음에 본인의 책임도 있다고 했다.

▸ 경남기업 성완종 회장

2015년 7월 2일 성완종 리스트 관련 성완종 경남기업 회장에게도 특별사면을 대가로 5억원 상당의 뇌물을 받은 것으로 확인되었다. 7월 2일 성완종 리스트 의혹을 수사한 검찰 특별수사팀(팀장 문무일 검사장)은 성완종 전 경남기업 회장이 노건평에게 특별사면을 부탁하고 금품을 전달한 단서를 확보했다고 밝혔다. 특별수사팀은 이날 중간 수사 결과를 발표하는 자리에서 성완종 전 회장이 5억원 정도의 금액을 건평씨에게 특별사면 대가로 전달했다고 덧붙였다.

성완종의 2차 특별사면 청탁을 들어준 대가로 공사대금 증액을 통해 2008년 1~2월 5억여원을 받은 혐의 사실을 확인했으나, 알선수재죄의 공소시효인 7년이 이미 지나버려 처벌할 수 없다는 결론을 냈다고 밝혔다. 검찰은 또 2005년 5월 성완종의 1차 특별사면 때도 3000만원을 받고 청탁을 들어준 혐의가 있으나, 이 역시 같은 이유로 처벌할 수 없다고 했다.

7월 7일 성완종 전 경남기업 회장의 특별사면에 돈을 받고 관여한 혐의로 검찰 조사를 받은 노건평은 국가를 상대로 위자료 1억원을 청구하는 손해배상 청구소송을 창원지방법원에 제기했다. 노건평은 정재성 변호사를 통해 언론에 3천만원을 받은 사실도 없고, 사면 청탁을 받지도 않았다고 주장했다.

▶ 법관 전용 출입문 이용 논란

2004년 4월 30일 남상국 대우건설 사장 사건 관련 법원 출입 시, 그는 법관이 아닌데 법관 전용 출입문을 이용하여 논란이 되었다.

노건평은 이날 오전 9시 30분 창원지법 제315호 법정부(재판장 최인석)에서 열리는 첫 공판에 출석하면서 취재진을 따돌리려고 일반 불구속 피고인이 드나드는 출입문을 피해 판사 전용 통로를 거쳐 법관출입문으로 법정에 출입했다. 노건평은 취재진을 따돌리려는 듯 법관 전용 출입문을 이용해 출석한 뒤 퇴정 때에도 같은 문을 이용했다.

이때 그는 법원의 승인없이 법관 전용 출입문과 통로를 이용한 것이었다.

창원지법 박성철 수석부장판사는 "방호원들이 '방청객이나 일반인은 출입할 수 없다'고 제지했지만 법무사 朴씨가 '재판부의 허락을 받았다'고 거짓말한 뒤 건평씨 일행과 함께 법정으로 간 것으로 밝혀졌다"고 설명했다.

박 수석부장판사는 "건평씨의 판사 전용출입문 이용에 대한 경위를 대략적으로 확인한 결과 박 법무사가 법원 방호원과 경위 등에게 허위로 진술하고 출입한 것으로 드러났다"며 "법정을 모독한 처사였다"고 지적했다.

창원지방법원은 "진상조사 결과 건평씨와 알고 지내는 박모 법무사가 법원 1층 방호원과 3층 청경에게 '재판부에 얘기했다'며 거짓말을 한 뒤 법관 전용 출입문을 이용한 것으로 드러났다"며 "박씨에 대해 위계에 의한 공무집행방해죄를 적용, 처벌하는 방안을 검토 중"이라고 밝혔다.

부: 노판석(盧判石, 1900년 ~ 1976년)
모: 이순례(李順禮, 1904년 ~ 1998년)
누나: 노명자(盧明子, 1928년~2013년 5월 19일)
형: 노영현(盧英玉, 1932년~1973년)

형수 : 서영옥

조카 : 노지원(1965년~)

누나 : 노영옥(盧英鉉, 1938년 ~ 현재)

배우자1 : 오명례(吳明禮, 1948년 ~ 1976년 4월 2일),
         교통사고 사망
딸 : 노지연(1972년 ~)
사위 : 연철호
아들 : 노상욱(盧尙煜, 1975년 ~)

배우자2 : 오순정(吳順貞, 1957년 11월 5일 ~ , 1979년 합의이혼),
         교육인, 음악학원 운영
딸 : 노현지(盧炫知)

배우자3 : 민미영(閔美迎, 1957년 ~)
딸 : 노희정(盧希正, 1981년 ~)
기타
처남 : 민경찬, 민상철 (민미영의 남동생)

여섯번째 이야기

노건호(盧建昊)의
연세대 법학과 편입

여섯번째 이야기
노건호(盧建昊)의 연세대 법학과 편입

　노건호는 1973년 5월 6일 부산에서 태어났다. 처음 이름은 노신걸(盧信傑)이었는데, 1979년 부산지방법원 밀양지원의 허가로 노건호로 개명하였다. 부산에서 초등학교를 졸업하고 부산 대천중학교에 진학했다.

　1988년 4월 13대 총선에서 노무현이 김영삼의 통일민주당 후보로 부산 동구 선거구에 출마해 당선되자, 노건호는 3학년 1학기를 마치고 상경하여 서울특별시 영등포구 여의도동에 있는 윤중중학교로 전학했다. 졸업 후 여의도고등학교에 진학했다.

　【1990년 1월 이른바 3당 합당(민주정의당+통일민주당+신민주공화당)으로 민자당(민주자유당)이 탄생했다. 그리하여 1노 3김의 4당 체제는 민자당과 김대중의 평민당(평화민주당) 2당 체제가 되었다.
　이기택, 노무현, 김정길, 김광일, 장석화 의원 등 민주자유당으로

의 3당 합당을 반대한 통일민주당 의원들이 1990년 6월 15일 민주당을 창당했다. 이철, 박찬종 등 무소속 의원들이 합류하여 국회 의석수는 8석이었다. 총재는 이기택, 원내총무는 김정길, 사무총장은 이철, 정책위의장은 김광일이었고 노무현은 기획조정실장이 되었다. 이 민주당은 흔히 '꼬마민주당'이라 불렸다.

3당 합당으로 평민당이 소수 야당이 되자 김대중은 재야인사들을 영입하여 1991년 4월 신민주연합당으로 당명을 바꾸었다.

1991년 3월 26일과 6월 20일 2번에 걸쳐 지방선거가 치러졌다.

3월에는 기초의원과 6월에는 광역의원을 선출했다. 기초의원은 당적이 없었고 광역의원은 정당 공천이 가능했다.

꼬마민주당은 6월의 지방선거에서 14.3%를 득표해, 전국에서 광역의원 21명을 당선시키며 나름대로 상당한 성과를 거두었다. 그러나 소수 정당의 한계를 극복하지 못하고 1991년 9월 16일 김대중의 신민주연합당과 합당, 민주당이 되었다. 당시 신민주연합당과 꼬마민주당의 당세는 거의 10:1이었으나 당명을 민주당(통합민주당)으로 하고, 김대중과 이기택이 공동대표를 맡으며, 대의원 구성도 1:1로 했다. 노무현은 통합민주당의 대변인이 되었다.

노무현은 1992년 3월, 제14대 총선에서 통합민주당 소속으로 부산 동구에 재출마했으나 낙선했다.

1992년 10월, 제14대 대통령 선거에 대비해 김대중이 민주당 후보가 되었는데, 이때 노무현은 선거대책위원회 청년특별위원장 겸 물결유세단 단장이 되었다. 12월 김대중은 김영삼에게 패배하고 정계 은퇴를 선언하고 출국하여 이기택이 단독으로 민주당 대표가 되었다. 1993년 귀국한 김대중은 아태평화재단을 만들어 이사장이 되었다.

노건호는 1992년 2월 고교를 졸업하고, 3월 동국대학교 이과대학 경주 분교 화학과에 진학했다. 1993년 휴학을 하고, 1993년 3월 16일 육군에 입대하여, 1995년 5월 18일 병장으로 전역했다. 노건호는 2학기에 동국대에 복학하지 않았다.

【노무현은 1995년 초 민주당 부총재가 되었다.
1995년 6월에 치러질 제1회 전국동시지방선거에 대비해 민주당 경기도지사 후보 공천을 놓고 아태재단 이사장 김대중은 옛 민정계 출신의 이종찬을 추천했다. 그러나 이기택 대표는 장경우 전 의원을 고집했다. 당내 경선에서 장경우가 이겼으나 유세 기간 중 김대중이 다른 지역 유세는 다 가면서도 정작 경기도 유세에는 소극적이었다.
노무현은 1995년 6월 27일 치러진 제1회 전국동시지방선거에서 민주당 부산광역시장 후보로 출마, 낙선했다. 그러나 이 지방선거에서 민주당은 전국적으로 승리했고 민자당을 탈당한 김종필이 1995년 3월 창당한 자민련(자유민주연합)도 상당한 성과를 내었다.
지방선거 결과 광역자치단체장은 민자당 5, 야당 10으로, 야권이 대승했다(민자당이 부산/인천/경기/경남/경북, 민주당이 서울/광주/전남/전북, 자민련이 강원/대전/충남/충북, 무소속이 대구/제주를 차지했다). 기초단체장, 지방의회 선거에서도 민자당을 능가했으나 당 총재로 복귀하려는 김대중과 자리를 지키려 한 이기택의 갈등은 심화되었다.
김대중이 1995년 7월 17일에 정계 복귀와 신당 창당을 공식 선언하자, 당시 민주당 소속 의원 95명 중 65명이 탈당하고 신당에 참여하면서 새정치국민회의는 창당과 동시에 제1야당이 되었다. 1995

년 9월 11일에 정식 등록되었다. 이로써 정계는 1여 3야(국민회의, 자민련, 민주당)의 구도로 재편되었다. 여당인 민자당은 1995년 12월 신한국당으로 당명을 개정했다.

국민회의에 따라가지 않고 민주당에 잔류한 인사들은 시민운동 계열을 끌어들여 1995년 12월 "통합민주당"을 창당한다. 초기에는 민주화 운동의 명사나 경제정의실천시민연합 등의 시민단체가 개혁신당을 창당하고 합당, 대거 합류하면서 개혁적인 정당으로 성공할 수 있을 것으로 보이기도 했다.

통합민주당은 1996년 4월의 제15대 국회의원 선거에서 15석(지역구 9석 + 전국구 6석) 확보에 그치면서 의석이 절반으로 줄어들며 원내교섭단체 구성에 실패했다. 서울에서는 강동구 갑의 이부영을 제외한 대부분이 낙선했고, 부산광역시에서는 이기택 대표를 포함하여 전원이 낙선했다. 이 선거에서 통합민주당은 참패하여 예전의 꼬마민주당으로 돌아갔다.

노무현은 통합민주당 소속으로 서울 종로구에 출마했으나 신한국당의 이명박, 새정치국민회의의 이종찬 등에 밀려 3위로 낙선했다.

1996년 6월 통합민주당은 당명을 민주당으로 바꾸었다.

이후 김원기, 김정길, 이부영, 이철, 유인태, 박계동, 김부겸 등의 민주당 내 반 이기택 성향 지구당위원장들과 함께 '국민통합추진회의(일명 '통추')'를 결성했는데, 노무현은 상임집행위원이 되었다.

1997년 15대 대선이 다가오자 민주당은 조순 서울 시장을 대통령 후보로 추대했다. 그러나 지지율이 부진하자 11월 민주당은 이회창이 대통령 후보인 신한국당과 합당하여 한나라당이 되었다. 그러나 노무현은 김대중이 당선될 것으로 보고 김대중의 새정치국민회의에

입당하여 부총재가 되었다. 이때 노무현은 입당 협상 과정에서 장관 자리를 요구했고 김대중이 받아들였다.】

노건호는 1996년 3월 연세대학교 법과대학 법학과(96학번)로 편입학했다.

당시 연세대학교는 다른 학교와 달리 엄격한 전공 편입시험으로 편입생을 선발했으므로, 타 대학 법학과 수석급들이 연세대학교로 편입해 왔었다.

노건호는 전혀 다른 전공으로 편입했는데, 이게 당시 연세대학교 편입 제도상 매우 어려운 일이었다. 연대 법학과는 인기 학과였으므로, 편입은 엄청나게 경쟁률이 높았다. 당시 연세대학교 법과대학 법학과 편입이 500명을 뽑던 사법시험 합격보다 더 어렵다는 말까지 있을 정도였다. 사법시험 합격 후에도 학벌이 작용하기 때문에 사법시험 공부 중에도 연세대학교 편입 시험을 보는 고시생이 있었다.

고려대학교는 전공 시험이 아니라 영어 시험으로 편입생을 선발했었기에 연세대학교 법과대학 편입으로 몰렸었다.

【2002년 제16대 대통령 선거 당시 연세대 편입이 구설수에 오르자, 노건호는 동국대학교에 진학했다가 전역 후 재수하여 연세대학교 법과대학에 입학했다고 말했다.】

노무현 집권 시절 대통령 비서실장과 과학기술부 장관을 역임한 연세대 화공과 교수 김우식(金雨植, 1940~)이 노건호 편입에 모종의 역할을 하지 않았나 하는 추측이 있다. 교수 재직 당시에도 연구

능력보다 정치력이 뛰어나다고 평가받았다.

김우식 약력

연세대학교 화학공학과 교수(1968년 ~ 2005년 2월)
연세대학교 대외협력 부총장(1998년 ~ 2000년)
제14대 연세대학교 총장(2000년 8월 1일 ~ 2004년 2월 14일)
제27대 대통령비서실장(2004년 2월 14일 ~ 2005년 8월 19일)
열린우리당 고문 겸 당무위원(2006년 1월 ~ 2006년 2월)
제25대 부총리 겸 과학기술부장관(2006년 2월 10일 ~ 2008년 2월 28일)

노건호는 2002년 8월 연세대 법학과를 졸업했다. 1996년 편입이 2학년 편입이라면 6학기가 정상인데, 13학기를 다닌 것이다. 학업을 못 따라 간 모양이다. 이 정도면 초능력을 전수받기 어렵다.
노무현이 사법시험을 폐지한 것은 초능력 전수에 실패하여 절망한 때문일까?

일곱번째 이야기

민경찬은 노무현의 사돈인가, 처남인가

일곱번째 이야기
민경찬은 노무현의 사돈인가, 처남인가

민미영의 남동생 민경찬은 법률상으로 노건평의 처남이다. 그러니 민경찬은 노건평을 자형(姉兄)이라 불러야 한다. 자매(姉妹)에서 자(姉)는 손윗누이라는 뜻이니 자의 남편은 형뻘이 된다. 매(妹)는 손아랫누이이니 매의 남편은 매제(妹弟)라 부른다.

민경찬에게 노무현은 자형의 동생이므로 민경찬은 노무현을 사돈으로 불러야 한다. 그러나 자형으로 부르고 다녀 문제가 되었다.

민경찬은 1960년생으로 마산이 고향이다. 고3 때 휴학하여 1980년 졸업했다. 재수하여 1981년 부산 인제대 의대에 들어갔다가 1982년 제적되었다. 1984년 재입학하여 1990년 졸업했다. 민경찬은 레지던트 과정을 중도에 포기하고 1993년 포항과 울산에서 개업했다. 1996년 부산에서 다시 개업했다. 민경찬은 5~10만에 불과한 간단한 수술을 보험이 안 된다는 이유로 100만원 이상을 받았는데, 이것이 지역 언론에 보도되어 1996년 4월 병원문을 닫았다.

1996년 말 서울로 올라와 의료 사고 관련 단체에 잠시 들어갔다. 이어 1997년 서초동에 민경찬 법의학 사무소를 열었다. 민경찬은 의료 사고 전문가로 언론을 타기 시작했다. 그런데 민경찬은 기자를 '거짓말을 원하는 사람'이라고 평하기도 했다. 자극적인 기사를 쓰고 싶어하는 기자에게 그에 부합하는 말을 해주었던 모양이다.

민경찬의 아우 민상철도 1999년에는 민경찬 법의학 사무소에 자주 모습을 드러냈다. 민상철은 노무현이 운영했던 생수회사 장수천에도 관여했다.

민경찬이 세상에 널리 알려진 것은 의료 사고 관련 분쟁과 투자 펀드 사기 때문이었다.

1997년 2월 9일 박 모씨는 대전 시내에서 교통사고를 당했다. 박씨는 A병원에서 인대 파손, 타박상 등 전치 4주의 진단을 받고 입원하여 치료를 받았다. 2월 15일 담당의사가 박씨의 목에서 작은 혹을 발견하고 암이라며 수술을 했다. A병원은 박씨에게 B병원에서 다시 수술받기를 권했다. 박씨는 4월 4일 B병원에서 암 제거 수술을 받았다. 그러나 수술 후유증으로 왼쪽 팔을 못쓰게 되었다.

박씨는 6월 13일 두 병원을 상대로 민·형사 소송을 제기했다. 박씨는 1998년 6월 무렵 억울함을 호소하려고 서울의 한 방송국을 찾아갔다. 방송국 여직원으로부터 "서초동에 있는 민경찬 법의학 사무소를 찾아가 보라"는 말을 듣고 민경찬을 찾아갔다.

박씨가 민경찬을 만나 "변호사를 선임해야 되지 않느냐"고 물으니 민경찬은 "필요 없다. 내가 하라는 대로 하라"고만 했다. 그리고 노무현 변호사가 자형이라고 말했다. 민경찬은 자신의 사무실에 근무하는 사람들에게도 노무현이 자형이라고 말했다. 박씨는 금방 해결해 줄 것만 같았던 민경찬을 믿었으나 시간만 끌자 화를 냈다. 1999년 1월 무렵 박씨는 민경찬과의 대화를 녹음했다.

박 　씨 : 어떻게 할 겁니까?
민경찬 : 지금까지 나온 것에 대해 유리한 결과를 서류로 만들어 주겠습니다.
박 　씨 : 나도 사람이오. 그래도 긴 시간 동안 … 당신 브로커 노릇을 해도 그러면 안돼. 그렇게 하면 죄 받아. 누가 얼마나 많이 주는지 몰라도 … 당신 나한테 노무현 씨가 자형이라고 했어.
민경찬 : 죄송합니다. 그러나 내 말 좀 들어보세요. 나도 어떻게든 최선을 다하고 있습니다.

1999년 2월 6일 대화

박 　씨 : 당신은 지금 날 하나도 생각하지 않아. 내가 법원 있을 때부터 자료 갖고 오라고 그랬잖아. 그렇게 하지 마세요. 무지무지한 빽을 가지고 계시니까 … 이렇게 장난하지 마시오. 노무현 씨 팔아가면서, 국회의원 팔아가면서 빽이 얼마나 좋은지 모르겠지만, 사람을 이렇게 잔인하게 갖고 놀고 말이야.
민경찬 : (자료) 다 돌려드리겠습니다. 2월 11일 오세요.

(중략)

민경찬 : 내가 박 선생한테, 맡기면 믿으라고 하지 않았나. 박 선생

한테 비판을 받으면서 이런 일을 하고 싶지 않습니다. 당신도 내 하는 일을 방해했어.

박 씨 : 청와대 빽 그거 아무 것도 아니야. 노무현씨가 우리 자형이다라고 했지. 잘 해봐라. 속 보이는 것 하지 마라.

민경찬 : 지금도 결과가 좋게 나올 거라고 기도하고 있습니다. 미안합니다. 더 이상 안하겠습니다.

(중략)

박 씨 : 나는 누구를 자르게 하고 누구를 유치장 보내고 하는 짓 못해요. 민 교수가 끝까지 이렇게 하면 그동안 민경찬 씨가 언제 어디서 어떻게 말한 것을 다 정리해서, 내가 서울 올라간 기차표까지 붙여서 노무현씨 한테 갖다 줄까 하는 생각도 했습니다. 얼마나 당신한테 배신감을 ¹⁻끼는지 말이야.

민경찬 : 그럴 마음 있으면 나한테 있는 모든 자료 다 가져가시오.

(중략)

박 씨 : 그 병원도 그랬지만 민 교수는 더 지독하게 했습니다. 민 교수는 내가 믿지 않는다고 말하지만 민 교수가 이랬다 저랬다가 하니까 내가 믿지 못하는 것 아닙니까.

민경찬 : 내 책임입니다. 이제 그만 두겠습니다. 어쨌든 더 이상 일 할 수 없습니다.

박 씨 : '노무현이 내 자형이다. 청와대고 검찰청이고 걱정하지 마라'고 그런 양반이 이제 와서 못하겠다고 합니까.

민경찬 : 내 능력이 없어서 그렇습니다. 미안합니다.

박씨는 1998년 12월 민경찬에게 대화를 녹음하고 있다고 말해주었다. 이후 민경찬은 박씨와의 대화에서 노무현만 나오면 '내 책임이다', '미안하다'고 인정했다.

민경찬은 1999년 1월 16일 박씨를 상대로 '의학 정보 제공을 위한 수임 의사 계약 신청서'를 작성했다. 수수료를 1억으로 한다는 내용이었다.

박씨의 녹음 테이프에는 민경찬이 의료 사고 의뢰인에게 돈을 요구하는 방법, 상황에 따라 말을 바꾸는 화술이 잘 드러난다.

민경찬에게 피해를 본 사람은 200명이 넘는다고 한다. 피해자는 모든 것이 사기 그 자체라고 민경찬을 비난했다.

녹음테이프에는 민경찬이 자신의 도덕성을 자화자찬하는 대목이 여럿 있다. 그 가운데 하나.

> 대한민국 의사 8천 명하고 나하고는 다릅니다. 그 사람들은 의사이지만 내 앞에서 절대 도덕적으로 깨끗하지 못합니다. 도덕적으로 내가 대한민국 의사 중에서 최고입니다. 자부합니다. 어떤 사람이 인제대 총장에게 나를 평가하면서 "민경찬 선생님은 인제대가 낳은 최고로 출중한 인물이다"고 말했습니다. 나는 파렴치하게 돈 갈취하는 사람이 아닙니다. 내가 윤리적으로 대한민국의 최고라고 자부합니다.

민경찬은 재판을 여러 번 했는데, 한국 법원의 재판을 이렇게 규정하기도 했다.

재판 한 열 번쯤 해야 됩니다. 내 소견서는 재판할 때 넣어야죠. 재판은 거짓말 싸움 아닙니까. 이 재판은 거짓말을 누가 더 잘하느냐의 문제예요. 재판은 거짓말을 밝히는 거지, 진실을 밝히는 게 아닙니다. 나는 박 선생의 마지막 무기 아닙니까.

(중략)

재판은 진실이 이기는 게 아닙니다. 거짓말 잘 하는 사람이 이깁니다.

이 말은 1998년 9월 무렵 자신의 사무실에서 한 말이다. 이것이 자신의 재판 경험에서 깨달은 건지 사돈 또는 자형 노무현에게서 배운 건지는 알 수 없다.

민경찬은 2000년 8월 의료사고 피해 사례를 모은 『히포크라테스의 배신자들』이라는 책을 냈다. 이후 의료 사고 전문가로 방송 활동을 했다. 그리고 같은 해 인터넷 병원 「아파요닷컴」을 열고 인터넷을 통해 처방전을 주다가 보건복지부에 고발을 당했다.

한 컴퓨터 잡지가 민경찬을 아파요 닷컴 원장이라며 소개하는 기사를 작성했다. 그 내용

아파요닷컴에 회원가입을 하고 어디가 어떻게 아픈지 글을 올리면 민경찬 대표와 뜻을 같이 하는 각 분야별 65명의 의사들이 그에 맞는 처방을 알려준다.

(중략)

민경찬 대표는 아파요닷컴이 환자와 의사 모두에게 좋은 사이트라고 말한다. 이 곳에서 처방전을 발급하기 시작한 지 며칠 만에 30여만 명의 회원이 가입했고, 하루에 평균 3만 건 정도 처방전이 나갔으니 그 인기가 어느 정도인지 쉽게 짐작이 간다.

의사 65명이 하루 3만 건의 처방전을 작성했다니, 하루 8시간 근무했다면 1인당 평균 1,383건의 처방전을 발급했다는 말이 된다.

민경찬은 2002년 김포시 푸른솔 병원을 개원했다. 노무현이 대통령이 될 거라는 예상해서 무리해서 세운 듯 하다. 의료 사고 관계 브로커와 아파요닷컴으로 번 돈으로는 모자랐을 것이다.

민경찬은 2004년 2월 6일 사기혐의로 구속되었다.
경찰청 특수수사과는 병원의 식당 운영권을 주겠다며 5억여 원을 받아 가로챈 혐의(사기)로 민경찬을 구속했다.

민경찬은 경기도 이천시 아미리 S타운을 개조해 10층 규모의 '이천중앙병원'을 세운 뒤 구내식당 운영권을 주겠다며 부동산업자 박 아무개(50)씨에게서 2003년 5월부터 8차례에 걸쳐 모두 5억 3천오십만 원을 받아 가로챈 혐의였다.

민경찬은 이천중앙병원 설립 계획과 함께 자신의 김포 푸른솔병원을 노인전문병원으로 개조하려는 계획도 진행해 온 것으로 확인됐다.

특수수사과 관계자는 "민씨는 이 돈을 서울 서초동의 이른바 '강남사무실' 운영비 등에 사용한 것으로 조사됐다"고 밝혔다. 다른 관계자는 "민씨는 푸른솔병원 운영 과정에서 80억 원 가까운 빚을 졌고, 이천병원 추진 과정에서도 여기저기서 돈을 끌어모아 쓴 흔적이 있다"며 "이 와중에도 현재 부도가 난 푸른솔병원을 다시 인수해 노인전문병원으로 다시 만드는 계획도 추진하고 있었다"고 말했다.

경찰은 민씨의 653억 원 모금과 관련해 "민씨의 사무실 등에서 압수한 수첩과 민씨가 최근 통화한 이 등 모두 15명 정도를 참고인으로 조사했지만 아직 투자자 모집과 관련한 증언은 나오지 않고 있다"며 "653억 원 모금의 실체는 드러난 것이 없다"고 밝혔다.

경찰은 '민경찬 펀드' 의혹은 병원 사업 투자금을 모으기 위한 민씨의 사기극일 가능성을 조사했다. 경찰은 민경찬과 동생 민상철 및 주변 인물의 계좌 20여 개에 대한 압수수색영장을 받아 추적 작업을 벌이고 있다고 발표하였다.

야당으로부터 민경찬의 자금조달 창구 구실을 한 사람으로 지목된 김아무개씨는 경찰에 자진출두해 "나도 2억 5천만 원의 피해자이며, 1년 반 동안 민씨를 만난 적이 없다"고 주장했다.

【민경찬은 숫자 65에 집착하는 모습을 보였다. 아파요닷컴에 참여한 의사가 6명이라고 했다. 투자 펀드 사기로 구속되기 직전 언론사와의 인터뷰에서는 650억 이상의 투자 자금을 모았다고 말했다. 2004년 1월 30일 금융감독원 조사에서는 653억을 유치했다고 말했다. 청와대 조사를 받을 때는 투자자 규모가 65명이라고 했다.】

민경찬은 구속되자 투자금을 모으지 못했다고 말을 바꾸었다.

민경찬이 경찰에 구속되기 직전 "(경찰 수사는) 청와대와의 협의 하에 시늉만 내는 것"이라고 말했다고 2004년 2월 10일 발매된 시사저널이 보도했다.

민경찬은 1월 30일 기자와의 통화에서 "(투자자) 숫자는 조정했으며, 법적으로 문제되지 않을 숫자로 명부를 만들었다"며 "50명이 넘으면 문제가 있어 40명 전후로 만들었고, 그렇게 해서 무마되는 걸로 조율했다"고 말했다고 보도했다. 시사저널은 특히 민경찬이 2월 2일 "청와대에서 특수청이 내사한다고 했으며, 그런 식으로 시간을 벌면서 보기로 했다"고 말했다고 전했다. 이어 3일에는 "법적으로 문제가 없다 해도 시늉은 내야 하는 것 아니냐"라고 말했다.

민경찬은 이를 전면 부인했다. 언론사에 배포한 자필 해명서를 통해 "보도내용은 사실무근이며, 취소하지 않을 경우 법적 책임을 묻겠다"고 했다.

민씨와의 인터뷰 기사를 쓴 시사저널 기자는 "청와대와 경찰이 무리하게 (민경찬의 펀드 모집) 사건을 축소하려는 것 같다는 의구심을 지울 수 없어 내용을 공개키로 했으며, 기사화된 모든 내용은 녹음돼 있다"고 밝혔다.

청와대와 금감원, 경찰은 보도내용을 강력히 반박했다. 청와대 윤태영 대변인은 "수 차례 전화와 면담을 통해 민씨를 조사한 사실이 있을 뿐, 일체의 조율은 없었다"고 밝혔다. 민경찬을 대면 조사했던 금감원 신해용 자산운용감독국장은 "민씨가 아무런 근거 없이 자꾸 말 바꾸기를 하는데 언론이 이를 여과없이 보도하고 있다"고 말했다.

《동아일보》는 2004년 2월 3일 자 기사에서 의혹을 제기했다.

민주당이 3일 금융감독원 관계자들에 대한 조사결과를 토대로 '민경찬 펀드'의 모금 과정을 구체적으로 공개함에 따라 '민경찬 게이트'의 실체가 조금씩 윤곽을 드러내고 있다.

대선자금 청문회를 실시하는 국회 법제사법위원회 소속의 민주당 조재환(趙在煥) 의원이 이날 금감원 신해용(申海容) 자산운용감독국장을 방문한 직후 발표한 펀드 모금 과정은 신 국장이 지난달 30일 시내 한 호텔에서 1시간 40분 동안 민씨를 만나 조사한 결과에 근거를 둔 것이다. 민씨에 대한 신 국장의 대면조사는 지난달 29일 대통령 민정수석비서관실 유모 과장의 요청에 따라 이뤄졌다.

▽ 모금 및 관리 주도한 6, 7인은 누구 = 653억 원을 투자받아 관리하는 과정에서 핵심적인 역할을 한 6,7인의 신원에 대해 민씨는 함구했다. 단지 '가까운 사람'이라고만 진술하고 이들의 구체적 이름은 끝까지 언급하지 않아 의혹을 불러일으켰다. 그러면서 민씨는 "늘 상의하고 5억, 10억원 단위로 끊어 투자를 유치했다"고 말했다는 것이다.

이들 가운데는 투자목적이나 사업설명서 하나 없이 무려 653억 원을 모금하게 된 의혹의 실마리를 풀어줄 인물이 포함돼 있을 것으로 보인다. 조 의원은 이들이 수시로 대책회의도 했다는 점에서 '7인 대책회의'라고 부르기도 했다. 신 국장은 이들이 주로 투자금을 관리하는 역할을 맡았다고 말했다.

▽ 묻지마 투자 유도와 법망 피하기 의혹 = 조의원은 "처음 100억원을 모을 때까지는 시간이 걸렸지만 대통령 친인척이라는 얘기가 알려진 이후로는 '눈먼 돈'이 '묻지마 투자' 식으로 쏟아져 들어왔다"고 전했다. 이로 미뤄볼 때 '7인 대책회의' 멤버 중 누군가가 민씨가 노 대통령의 사돈이라는 점을 투자자들에게 홍보했을 개연성이 높다.

더욱이 민씨가 "전혀 원금을 돌려받지 못해도, 10원짜리 하나도 건지지 못해도 후회하거나 원망하지 않을 사람으로 (47명의 투자자

가) 구성돼 있다"고 말한 것도 의혹을 증폭시키는 대목이다.
이들이 금감원의 감시망에 걸리지 않은 데 대해 조 의원은 "뮤추얼 펀드라면 6개월 안에 20억 원 이상, 50인 이상이 투자하면 무조건 신고해야 하는데, 법망을 피하기 위해 7인 대책회의가 투자자를 47명으로 줄인 것 같다"고 분석한 뒤 "실제로는 50명을 넘겼을 가능성도 있다"고 지적했다.

▽ 총선자금 의혹 제기 = 민주당이 모금 목적과 관련해 비록 구체적 근거를 제시하지는 않았으나 총선자금이라는 의혹을 제기한 점도 눈에 띄는 대목이다. 조 의원은 "목적이 불분명한 돈이라는 점으로 미뤄볼 때 총선자금으로 생각할 수 있다"고 주장했다. 민주당은 민씨가 당초 시사주간지 인터뷰에서 "돈을 돌려주고 싶어도 계약서가 있어 돌려줄 수 없다"고 했다가 금감원 조사에서는 계약서가 없는 것으로 밝혀진 것도 자금의 목적이 순수한 투자사업으로 볼 수 없는 것임을 시사하는 것으로 보고 있다.
민주당 고위 당직자는 "민경찬 펀드는 대선잔금일 가능성도 있다. 이 돈을 마땅히 둘 데가 없어 투자금 형식으로 포장했을 가능성도 조사 중이다"고 말하기도 했다.

▽ 의혹의 사채업자 김모씨 = 민주당이 민씨에게 차관급 이상 고위공직자를 연결시켜준 것으로 지목한 광주 출신의 사채업자 김씨도 주목받고 있는 핵심인물이다. 민주당은 "김씨야말로 사건의 핵심이다"며 청문회에서 구체적 폭로가 있을 것임을 예고했다.
김씨는 서울 지하철 강남역 선릉역 주변과 명동 일대 사채시장에서는 거의 알려지지 않은 인물이다. 익명을 요구한 명동의 사채업자 P 사장은 "이번에 논란이 된 펀드는 특정 투자처를 명시하지 않았기 때문에 사채시장에서 돈을 모았을 가능성은 희박하다"고 전했다. 보

안을 중시하는 사채시장의 특성상 김씨가 가명을 사용했을 가능성
이 높다는 의견도 있다.

2004년 10월 22일 서울중앙지법 형사합의22부(최완주 부장판사)
는 민경찬에게 징역 4년, 벌금 1200만 원, 추징금 1억 1천 오백만
원을 선고했다.

혐의는 병원시설을 임대해 주겠다며 사람들에게 20억여 원을 받
아 가로채고, 청와대에 청탁을 해준다며 1억 1500만 원을 받은 것
이다.

재판부는 판결에서 "피고인은 가로챌 의사가 없었다고 주장하지
만 당시 거액의 빚을 지고 있었고 병원 경영마저 어려웠던 만큼 임
대 능력이나 의사가 없었던 것으로 보인다"며 공소사실을 모두 유죄
로 인정했다.

재판부는 "피해자들로부터 가로챈 돈이 20억여 원이나 되고 일부
는 갚았지만 아직 8억여 원이 남아 있는 점, 집행유예기간에 다시 범
행을 저지른 점 때문에 실형을 선고한다"고 밝혔다.

그러나 투자 펀드는 자금을 유치하지 않은 것으로 검찰이 결론을
내려 기소하지 않았다.

2심에서도 실형 선고를 받은 민경찬이 상고하여 대법원은 2005년
8월 관련법 조항 개정 등의 이유로 감형 사유가 있다며 원심을 파기
환송했다.

서울고등법원은 재심리하여 2005년 11월 22일 민경찬에게 징역
2년 4개월, 벌금 1,000만원, 추징금 1억 2,056만원을 선고했다.

다음은 서석구 변호사의 '노무현 숨겨진 딸 명예훼손 수사와 재판' 글 전문이다.

노무현의 숨겨진 딸 명예훼손 사건은 노무현이 변호사 여사무원이었던 민미영과의 사이에 딸을 낳았으나 민미영을 노무현의 형인 노건평과 결혼을 시키고 노무현의 딸을 마치 노건평과 민미영과의 사이에 낳은 것처럼 출생신고를 하였다는 것을 폭로한 노타연 공동대표 한상구 씨가 명예훼손 혐의로 구속된 사건이다.

2005. 6. 20. 부산지방법원 제451호 법정에서 노무현 숨겨진 딸 명예훼손 혐의로 구속된 노타연 한상구 공동대표의 변론을 맡은 저는 형사소송규칙 제127조에 의하여 보장된 변호인의 모두진술을 다음과 같이 행사하였습니다.

노무현의 숨겨진 딸 진실과 허위는 노무현, 노건평, 민미영이나 하나님만 알뿐 법관도 검사도 변호인도 알지 못하지만 수사와 재판은 공정한 룰인 법에 따라 적법하게 진행되어야 함에도 불구하고 노무현의 숨겨진 딸 명예훼손 사건은 편파적이고 기형적인 불법수사로 노무현의 숨겨진 딸 의혹만 증폭시키게 되었다.

고소인이나 피해자나 관련자를 불러 수사하는 것은 수사의 기본적인 상식이다. 그런데 노무현 숨겨진 딸 명예훼손 사건은 이런 기본원칙을 전혀 지키지 않았다는 것은 너무나 충격적이다.

경찰과 검찰은 당연히 고소인(민미영)과 피해자(노무현)와 관련자(노건평)를 불러 노희정이가 노무현과 민미영 사이에 출생한 것인지 아니면 노무현의 형 노건평과 민미영 사이에 출생한 것인지를 조사하여 노무현의 숨겨진 딸이라는 것이 사실인지 허위인지를 가려야 했다.

피고인이 범행을 부인하면 고소인과 피해자를 불러 대질신문을 벌이는 것은 수사의 관행인데 이와 같은 대질신문마저 하지 아니한 것도 의문이다.

그러나 수사기관은 노무현, 노건평, 민미영을 불러 조사하지 않고 정재성 변호사가 민미영을 대리하여 작성한 고소장과 고소장을 대리로 작성한 정재성 변호사를 상대로 진술조서만 작성하여 수사를 종결하였다는 것은 도저히 납득할 수 없는 기형적인 수사에 불과하다.

경찰과 검찰이 민미영을 대리하여 정재성이 고소장을 작성하고 민미영을 대리하여 진술조서를 받는 것으로 수사를 종결하는 엉터리 수사를 하게 된 이유가 무엇일까?

과거 노무현과 청와대 민정수석 문재인과 변호사를 같이 합동으로 하였던 정재성 변호사가 노무현의 막강한 권력으로 경찰과 검찰에 압력을 행사하여 노무현 숨겨진 딸 법적 싸움을 도맡아 처리하고 노무현, 민미영, 노건평을 수사하지 못하도록 하였을 가능성도 배제하지 못할 것이다.

정재성 변호사가 형식적으로는 민미영의 대리인이지만 실질적으로 과거 같이 변호사를 동업하였던 노무현의 대리인으로 고소장을 작성하고 대리로 진술조서를 받았을 가능성도 배제할 수 없을 것이다.

그뿐 아니다. 경찰은 피고인의 가족에게 보낸 구속통지서도 범죄사실의 요지를 제대로 기재하지 않았다. 즉 불상자의 숨겨진 딸을 게시하여 개인의 명예를 훼손하였다는 구속통지서는 도대체 누구의 숨겨진 딸인지 누구의 명예를 훼손하였는지 구속통지서에 나타내지 않았다.

왜 이런 엉터리 구속통지서를 왜 노무현의 숨겨진 딸 명예훼손 사건에만 나타나게 되었는가? 누구의 숨겨진 딸인지 누구의 명예를 훼손하였는지 기재하지 하지 아니한 부적법한 구속통지서는 피고인의 가족과 변호인의 방어권 행사를 방해하는 것이라는 비난을 면치 못할 것이다.

노무현의 형 노건평은 첫째 부인과 사별하고, 둘째 부인과는 협의이혼하고, 뇌물을 받은 죄로 세무공무원이었던 그는 구속이 되어 파면까지 당했다. 거기다가 처녀인 민미영과는 무려 14살 차이가 되었다. 민미영이 두번이나 결혼하고 이혼경력에다 파면 구속까지 되고 나이도 14살 차이가 나는 노건평과 결혼하였다는 것은 도저히 이해하기 어려운 미스테리가 아니겠는가?

1981. 9. 23. 노희정이 출생하였으나 출생신고는 노건평과 민미영이 혼인신고를 한 1983년에 이르러 하였다는 것도 미스테리다.

더욱이 결정적인 것은 노건평의 처남 즉 민미영의 남동생 민경찬이 평소 노무현을 자형이라고 부르고 다녔다.(《월간조선》 2004년 3월호. 백승구 기자, 민경찬은 노무현을 자형이라고 부르고 다녔다.)

민미영이 노건평의 아내라면 노무현을 사돈이라고 불러야 할 텐데 노무현을 자형이라고 부른 것은 민경찬의 누이 민미영이 노무현의 아내라는 것이고, 노희정은 노무현의 숨겨진 딸이라는 것이다.

노무현의 숨겨진 딸이 명예훼손이라면 그동안 노무현을 자형이라고 불러왔던 민경찬이 구속되어야 하는데 민경찬의 말을 믿은 피고인이 왜 명예훼손으로 구속되어야 하는가? 정말 웃기는 수사가 아닌가? 민경찬이가 오랫동안 공공연하게 노무현을 자형이라고 부르고 다닌 것을 노무현은 왜 방관하였을까? 사실이기 때문이 아닐까? 보수언론을 상대로 언론과의 전쟁을 선포해 수많은 세무공무원과 검사를 투입하여 오랜 기간에 걸쳐 가공할 수사를 하게 한 노무현이 민경찬이 노무현을 자형이라고 부르고 다닌 것을 막지 아니한 이유가 무엇인지 미스테리가 아닐까?

더욱이 민경찬은 653억 펀드를 조성했다는 의혹까지 받은 인물이다. 노건평의 처남에 불과했다면 그와 같은 의혹을 받을 위력을 행사할 수 없었을 것이고 노무현의 처남이기 때문에 그와 같은 위력을 발휘한 것은 아닐까하는 의문이 든다.

피고인 한상구는 검사의 개개의 신문에 대하여 진술을 거부하였다. 김정일의 명예를 보호하기 위하여 김정일 독재정권을 비판하는 한국의 보수언론을 상대로 언론과의 전쟁을 선포하고 자유민주주의세력을 별놈의 보수라고 매도하고 반미친북세력을 강화하여 반미를 선동 한미동맹을 해체하고, 자유와 번영의 상징인 국보법을 칼집에 꽂아 박물관에 보내야 할 독재시대의 유물로 폐지되어야 한다고 하여 국보법유지세력을 매도하는 대한민국의 반역자 노무현을 구속하기 전에는 검사의 신문에 응할 수 없다는 피고인의 진술거부이유를 대변하여 주장했다. 변호인의 생각도 피고인과 같다고 밝혔다.
검사는 노무현, 노건평, 민미영을 증인으로 신청하여야 함에도 불구하고 굳이 정재성 변호사가 대리로 작성한 고소장과 정재성 변호사 진술조서만으로 증거가 충분하다는 억지를 부리며 증인신청을 하지 않아 법정에서 야유가 터졌다.

입증책임이 모두 검사에게 있기 때문에 검사가 신청해야 할 증인 노무현, 노건평, 민미영을 변호인이 신청하는 기막히는 광경이 벌어졌다.
노무현을 평소 자형이라고 부르고 다닌 민경찬과 그와 같은 내용의 《월간조선》 기사를 쓴 백승구 기자를 증인으로 신청했다.
아울러 노무현, 노건평, 민미영, 노희정의 DNA 검사를 신청했다. 이와 같은 조사는 노무현의 숨겨진 딸 명예훼손의 진상을 가리는데 필요한 최소한의 증거조사가 아니겠는가?
사법부는 경찰 검찰과 달리 법과 양심에 따라 사법부의 독립을 지켜 국민의 인권과 민주주의를 수호하는 마지막 보루로서 공정한 재판을 해줄 것을 간절히 호소했다.
노타연의 집회는 주로 전자개표 부정의혹 등 국정규탄대회였지만 노무현 숨겨진 딸 명예훼손 혐의로만 피고인을 구속시킨 것은 집회와 시위의 자유를 방해하기 위한 것이고 고소인과 피해자를 조사하지도 않고 피고인을 구속시킨 것은 불법이다.

필리핀 대법원이 한국산 전자개표기를 전자본체 계산기능의 능력에 심각한 의문이 있다는 이유로 필리핀 선거개표에 사용하지 못하도록 사용금지 가처분판결을 선고하였으므로 지난 대선과 총선의 전자개표는 필리핀 대법원 판결처럼 심각한 의문이 있는 전자개표로 규탄되어야 하지 않을까? 그런데 검사는 필리핀대법원 판결을 원용하여 한국산전자개표기를 수사하지 않는가?

법정은 검사의 이의와 변호인의 반박으로 가끔 긴장감이 돌기도 하였다. 서울, 부산, 대구, 인천, 용산, 울산, 마산 등 전국각지에서 온 애국인사들이 모여 관심을 보였으나 언론인은 아무도 나오지 않아 언론과의 전쟁으로 위축된 언론의 현실을 보여주었다.

우리는 그날 서울에서 개최되는 자유민주비상국민회의의 성공을 위하여 간절히 기도했다. 한상구 씨 어머니와 형의 호의와 애국동지들의 관심에 감사를 드린다.

부산지방법원 변론을 한 다음날 오전에 저희 사무실 여직원이 사의를 표명하여 이번 주에 사무실 근무를 그만두게 되었다.

6. 24부터 금란교회에서 열리는 6. 25 미스바 비상구국금식기도회와 6. 24 연세중앙교회에서 열리는 북한구원 국제연합 통곡기도회가 선지자적 역할을 하는 기독인들의 집회가 되도록 기도하고 행동하자!

다음 재판은 7월 11일 오후 4시 부산지방법원 451호 법정에서 열린다. 애국동지들의 관심을 바란다.

변호사 서석구

끝맺는 글

끝맺는 글

2021년 9월 19일 SBS '집사부일체'라는 프로그램에서 제20대 대통령 선거 출마를 선언한 윤석열이 출연하여 무용담을 늘어놓았다. 고시 공부를 제대로 한 사람들은 이것이 얼마나 헛소리인지 안다.

"1986년 사법시험 28회 때 내가 합격했으면 이재명 지사랑 연수원 동기가 됐을거다. 이재명 지사가 28회 합격했다. 나는 33회다."

"그해 내가 장충동 동국대학교에서 2차 시험을 보는데 그 앞에 족발집이 있다. 그때도 할머니 족발집이 유명했다. '시험 끝나면 친구들이랑 저기 가서 한잔해야지' 그러고 있었다."

"시험을 화요일부터 금요일까지 본다. 금요일 마지막 과목이 형사소송법이다. 쭈욱 쓰다 보니 20분이 남았다. '밖에 친구들이 와있겠지. 나가서 족발이랑 소주 먹자'해서 나왔다. 친구들이 '너 벌써 나오면 어떡하냐'고 해서 '그냥 족발집 빨리 가자'고 했다. 친구들이 불안해 하더라."

"그 해 시험에 떨어졌다. 알고 보니까 다른 건 합격점에 올라갔는데 형사소송법에서 40점이 과락인데 39.66점을 받았다. 20분간 더 썼으면 여유있게 붙었을거다. 내가 미쳤지"

"그때 붙었으면 이재명 지사와 동기였을거다"며 "그때도 네번째 시험인가 했는데 그 후로 내가 5년을 더 했다. 시험을 8번 떨어졌다."

(떨어질 때마다 무슨 생각했냐?)

"오늘 가서 한 잔 먹자. 내년에 수석하자 했다."

"지치고 좌절하는 스타일이면 9수를 못 한다."

1991년 7월 2일 2차 시험을 불과 사흘 앞둔 6월 말. 오랫동안 함께 사법시험을 준비하던 동기가 고시를 포기하고 대구에서 결혼식을 올리게 되면서 함진아비를 부탁하자 석열이는 대구로 갔다고 한다.

친한 친구가 대구 출신인데, 장가를 간다고 토요일 날 함이 들어간다는 거라. 함이 들어가는데, 화요일부터 나흘간 2차 시험이 인제 있어. 그런데 토요일 날은 공부해야지, 그런데 이 친구가 "야 너 뭐 내년에 붙으면 되지 뭐, 올래?"
그러니까 계속 안됐으니까. 그래서 나보고 "야 너 뭐 괜히 공부할 것도 아니면서 이러지 말고 대구에 내려가서 함 넣고 술이나 먹자" 이러더라고. 야, 그런데 임마, 그래도 화요일부터 2차 시험인데 토요일 날 어떻게 대구를 내려가냐. 공부해야지. 그래 가지고 "어 그래 그럼 뭐 공부해라" 그러고 자기는 인제 고등학교 동기들끼리 함을 넣은 모양이야.
그런데 인제 신림동 도서관에 있는데, 공부가 안 돼. 그래 가지고 인제 쪼그만한 가방에다가 형소법 책 한 권만 딱 넣고 강남 터미널로 갔어.
아무래도 내가 그런 친구들, 함 이런 거 빠져본 적이 없는데, 공부한다고 앉아 있으니까 이게 공부도 안 되고 말이야. 이럴 바에는 뭐 고속버스 안에서 읽으면 되지. 뭐 이러면서,
그래 가지고 고속버스를 탔는데 이게 대구 들어가는 진입로가 토요일이니까 엄청 밀리더라고. 그래서 인제 형사소송법 책을 내가 꺼냈어. 꺼냈는데 앞에 시험에 맨날 나오는 부분은 읽기가 싫은 거고. 그래서 이거 뭐 재미있게 읽을 부분이 없나 하고. 제일 뒤에 보면 죽어도 시험에 안 나오는 부분이 있어요. 그래서 사람들이 안 읽어, 거기는.
호기심 재미로 아, 이런 것도 있나 한번 보자, 왜냐하면 차가 밀리니

까. 그래서 내가 그거를, 거기를 봤어. 아, 이게 뭐 무슨 약식 명령이 이런 거고. 뭐 재심 비상상황은 이런 거구나. 이러고 재미로 한번 봤어요.

그리고 인제 친구 집에 갔더니 함은 이미 들어가 있고 인제 딱 술판 벌어지고 있더라고. 거기 가서 인제 고등학교 동기들하고 술도 먹고 그러고 다음 날 서울로 올라왔거든. 뭐 하여튼 시험은 뭐 대충 봤는데, 마지막 날 형사소송법, 이렇게 방이, 쫙 두루마리가 떨어지는데, 내가 그 고속버스에서 본 게 나오는 거야.

일제 시대 때 고등문관시험 사법과부터 시작해서 그때까지 단 한 번도 안 났던 건데. 그게 딱 나온 거야.

아, 그러니까 벌써 두루마리가 딱 떨어지는데 다들 곡소리가 나는 거야. 저게 왜 나왔냐.

고게 기억이 딱 나더라고. 그래서 내가 거의 사진 찍듯이 딱 써갔고 그 회에 합격을 한 거야.

아까 장충동 족발 때문에 형소법 과락으로 떨어졌다고 그랬지. 합격할 때는 형소법을 거의 최고득점 받아갖고 붙었어요.

그런데 시험문제가 정확히 재심과 비상 상고를 비교하라, 이렇게 났거든.

비상 상고라는 거는 항소 이런 거 없이 그냥 대법원에다 바로 하는 건데. 그러니까 판결은 확정은 됐어. 확정은 됐는데, 여기에 법률상 문제가 있는 경우에, 이거를 다시 시정해 주시오라고 하는 게 비상 상고야.

그거는 판사, 검사, 변호사가 몰라도 되는 거야. 검찰총장이 직권으로 총장만이 행사하는 권한이에요. 비상 상고라는 것은.

검찰총장 안 되면 비상 상고할 이유가 없거든. 그런데 내가 총장이 돼서 비상 상고를 역대로 제일 많이 했어요.

그게 운명이었나 봐.

2021년 12월 7일 윤석열은 KBS '옥탑방의 문제아들'라는 프로그램에 나와 또 헛소리를 했다.

뭐, 사람 좋아하지요, 제가. 고시공부 함내 하고 백수생활할 때는 온 동네 관혼상제를 다 다녔죠.
백수가 그 과로사한다는 말이 있어요.
쟤는 뭐 부르면 언제든지 온다 생각하니까 연락이 많이 오잖아요.
그러니까 백수가 과로사하는 거에요.

이런 적은 있었어요.
일찍 결혼한 친구가 부부싸움을 해 갖고 그 와이프가 그냥 잠시 나가버렸어. 그때가 주말, 일요일인데.
"석열아 내가 내일 출근을 해야 하는데 이 애들을 놔두고 내가 출근할 수가 없구나."
애가 둘이었어요. 그래서 출근하라 그러고 낮에 친구 딸들하고, 애기들하고 있었는데,
그때 내 친구는 아침도 안 먹고 갔는데, 애들 밥을 해먹여야 되잖아. 하여튼 간단히 하나 만들어서 아이들하고 밥을 먹었어.
먹고 계속 기다리고 있었던 거야. 그랬더니 저녁때 되니까 친구 와이프가 오더라고. 그러면서 정말 미안하다고.
제가 막 친구 와이프 보고 뭐라고 했어요.
이게 뭐냐 말이야, 아이들, 내가 안 왔으면 어떻게 할 뻔 했냐.

그런데 어떻게 내가 온 걸 알은 모양이야. 그리고 자기 남편이 어떻게 하나 보려고 그런 모양이야. 다행히 그날 저녁에 들어옵디다.
내 친구 녀석은 내가 떠날 때까지 안 왔어, 이놈.

나중에 보니까 내가 정치한다고 후원금도 얼마 넣습디다.

(그 얘기도 들었거든요. 뭐 친구, 공부 중에, 사실 공부 집중해야 하는데)

함도 지고 뭐. 다음 주부터 사법시험 2차 보는데 토요일 날 대구에 함도 지러 가고 그랬다고.

(2차 시험 앞두고요? 거의 식음을 전폐하고 완전 집중해야 되는데)

그렇지, 처음에는 내가 못 간다고 그랬지
다음 주 화요일부터 화, 수, 목, 금 나흘 동안 오전 한 과목 오후 한 과목씩 나흘 동안 여덟 과목을 인제 시험을 보는데, 논술형 시험을 보는데, 내가 그해에 1차를 붙어서, 1차 한 번 붙으면 2차는 두 번 볼 수 있어요.
내년에 2차 보면 되지, 내려와라 이러더라고.
그런 식이야. 그래 내가 도서관에 인제 토요일 날 떡하니 앉아 있는데, 이놈들 함값 받아갖고 놀 거 생각하니까 공부가 안돼.
저는 다섯끼 먹었는데요.

(죄송한데 언제 공부하셨어요?)

석열이도 노무현, 문재인 마냥 초능력이 있는 모양이다.

석열이는 문재인에게 초능력을 전수받은 모양이다.

석열이는 2002년 2월 사표를 내고 검사를 그만두고 로펌 태평양으로 갔다.

6개월 다니다가 쫓겨났다. 12월 노무현이 대통령에 당선되고 곧장 정무수석에 문재인을 임명했다. 석열이는 문재인 덕에 2003년 2월 검사로 복귀할 수 있었다.

보통 사이가 아님을 알 수 있는데, 초능력을 전수받는 사제 관계라서 그런 것이 아닐까?

노무현 바로 알기
- 노무현의 감추어진 삶

초판발행　2025년 1월 25일

지 은 이　이윤섭

발 행 처　도서출판 혜민기획
인쇄·디자인　대명피엔피컴
출판등록　제2-2017호
주　　소　서울시 중구 퇴계로 226, 405호(복조빌딩)
전　　화　02-722-0586　FAX 2-722-4143
이 메 일　dmo4140@hanmail.net

ⓒ 2025. 이윤섭
ISBN 979-11-88972-89-0

정가 15,000원

※ 이 책은 저작권법에 따라 보호를 받는 저작물이므로
　무단전제와 복제를 금지합니다.
　잘못된 책은 교환해 드립니다.